Papiret, der manglede blæk.

Hjerteblod

Mira Schwartz

Papiret, der manglede blæk.

Hjerteblod

•

Digte

© 2021 Mira Schwartz

Forlag: BoD – Books on Demand, Hellerup, Danmark

Tryk: BoD – Books on Demand, Norderstedt, Tyskland

ISBN: 9788743031505

Dedikeret til dig <3

Fremmed.

Alt er fremmed her.

Vi kan ej forsvinde, atter lever vi videre.

Der er ikke intet bag døren.

En dør kan ikke finde sted i intetheden, for bag den findes altid noget.

Noget, altså ikke intet.

Indtil du står foran den, lever du.

Vi er i nutiden, og her banker dit hjerte nu.

Forhåbentlig i langtid, i følgeskab med elskede.

Dine hænder er dine, langsomt genkend denne skikkelse.

Dit ansigt kan se forkert ud, men se væk fra spejlet.

For du er stadig dig, og ej fremmed.

Se mit perspektiv, se græsset i min nuance.

Din eksistens er ikke alene, for døren findes ikke i intetheden.

~ m.s.

For jeg jagter dommedagen.

Jeg jagter tragedie.

Mit hjerte skal være tungt for uden svæver jeg i atmosfæren.

Og her er jeg ikke tryg.

Så jeg længtes.

Jeg længtes efter noget at drukne i.

~ m.s.

Midnattens stund er særligt min ynglings.

For når alle andre stunder er optaget af at efterligne eller sammenligne med resten af verden, falder jeg sammen i skyggerne.

I midnattens stund forenes skyggerne, og her er stilheden blevet min ven.

For her kan jeg altid huske på, hvem jeg er, og når solen står op, står natten på klem og er endnu engang glemt i skyggerne.

Hvor jeg ikke bliver påmindet om, hvem jeg burde være.

~ *Ingen forventninger*

Sommerfuglene, som fanget om mine arme så uskyldige, men døden fremkaldt i deres baskende vinger.

For mit hjerte tilhører dem lidt endnu, men tiden er gået og jeg vil følge med den.

Hvis jeg bare kunne komme fri fra de lænker jeg befinder mig i.

~ m.s.

Magten, der ligger i kunsten kan først ses, når det forstås.

Ikke hånes, eller drilles i dens gengivne gange, men forstås til de mindste detaljer kan føles helt inde i hjertet.

For intet er simpelt i denne kunstners verden, hvis kun de kigger dybere end overfladen tillader.

Dens tanker læses, og dine forstås.

For der foregår mere end i det ydre.

~ m.s.

Velvidende drejer jeg altid nøglen den forkerte vej først.

Derefter den rigtige.

Anden gang drejer jeg altid nøglen den rigtige vej rundt.

Besværligt at åbne, men nem at lukke.

~ *Den indre dør*

Er det forkert?

Forkert at hige efter, at være en anden.

Hvem som helst.

Og alligevel ikke.

For spejlet viser intet af indbildningen.

Indbildningen er, hvem som helst.

Skal jeg søge havet af mennesker for, hvem jeg er?

Kan jeg muligt søge havet af tanker?

Eller rækker det virkelig ikke dybere end dette?

Druknet i spørgsmål.

Druknet i svaret.

~ m.s.

Solen kan være den perfekte gyldne stråle.

Vandet kan forme den perfekte bølge.

Fuglene kan fløjte de mest perfekte melodier.

Alligevel kan det regne, og kaosset, der piner vandet forsvinder, og efterlader det uden puls.

Og fuglene vil ikke altid kvidrer.

Du kan altid fortælle mig, at jeg er perfekt trods mine fejl.

MEN JEG VIL ALDRIG VÆRE PERFEKT NOK FOR MIG!

~ m.s.

Du hader mig.

Mit hjerte fortæller.

Ellers er det nok, fordi jeg hader mig selv.

For, lige meget hvordan smykker falder på min krop.

Føler jeg mig ej, helt speciel nok.

~ m.s.

Kan man vælge at stoppe?

Måske ikke helt, måske ikke for evigt.

Bare nok.

Det er måske for snævert, men kan man?

Vælge, at det ikke er det værd.

Kan man beslutte det?

På den ene eller anden måde.

Tom, men fyldt.

Lidt af det hele, og alligevel ikke.

~ m.s.

Kan jeg sidde her til din begravelse?

Undre, hvorfor du er her?

Hvorfor er du her ikke?

En kraft så stor, og alligevel bukker den under noget, der skulle være så simpelt.

Skal jeg lade blomsterne falde dybere end, hvad dette hul når, og række længere end universet tillader?

~ *En sorg, der pludselig skete*

For, hvis han så dybt nok i hendes øjne kunne han ej overse den stille nats storm.

For her ville han hvile, selvom du ikke helt forstår.

En storm kan være en andens befrielse.

Så kan manden med leen være min ven?

Som den eneste, der ikke ville forlade mig inden skyggernes rige.

Måske kan vi se himlen præcis som den er, og have intet håb om at ændre.

For lige meget vejret stod han altid her.

Hvor nattens skygger var befriet.

~ m.s.

Den udsultede fornuft anerkender mig.

Ligesom jeg anerkender den himmel vi falder sammen under i beundring af stjernerne.

De selvstændige valg vi endnu ikke selv tager.

Den udsultning vi endnu ikke fodre.

Hvordan skal vi leve, hvis vi intet valg har til hvordan?

Hvordan skal vi fortsætte, hvis vi bliver holdt fast?

Så alt vi er efterladt til at gøre, er anerkende.

Bare lidt endnu, før himlen falder med os.

~ m.s.

For jeg vil leve for dig, jeg vil dø for dig.

Og så videre, hvordan end mine tomme ord fortsætter.

For er det i virkeligheden ikke nemmere end at gøre nogen af delene for mig selv?

Lad katten dækket af ulykke krydse vejen for mit held er allerede løbet ud.

Ordene klister sammen, der er ingen udvej.

Jeg kan aldrig tillade mig at glemme dig, før alle stjernerne er brændt ud.

~ m.s.

Da Tilfældigheden blidt kærtegner ansigtet af Skæbnen.

Beroligende, beundret.

Forsikres den, at alt nok skal lysne.

Hvordan skulle de kunne gå forkert, når de ej tror på at fare vild?

~ m.s.

De kan ikke lære dig at kende, når de allerede kender det ansigt du bærer.

Allerede bestemte meninger fast holdt, taklet.

Forudfattet, ingen kunne tænke en selvstændig tanke.

Blikke, der ikke danser, men brænder og blænder.

Troværdig, men så langtfra ægte.

Det kan hjemsøge sindet af det ægte blide væsen.

~ *Rygter*

Et møde med døden kan forandre hver en sjæl.

Se en ny side, og forstå den næste.

For i sidste ende længtes vi alle.

For selv, hvis jeg stod ansigt til ansigt med, hvem helvede bringer.

Kunne jeg ej forstille mig rigtigt at kæmpe.

Denne dyst løber jeg nemlig fra, da alt kan gemmes bag en maske.

Denne facade bliver til en parade, og der er intet,

der kan gøres ved det.

Derved fortsætter paraden til helvede bringer krigen til festen.

~ m.s.

Hvis jeg kunne jagte storme, ville jeg.

Storme er farlige, det tør jeg godt indrømme.

At blomstre i de farlige vinde, og den skærende regn vil gøre den rolig.

Fordi jeg vil gøre krav på alle de iturevet storme.

~ m.s.

Roserne samler os som forenet.

Vi anerkender hinanden.

Denne berøring gør os sårbare.

Jeg er kun blød hos dig.

For jeg holder på min brystkasse.

Under denne banken.

Hvis nu mit hjerte ville sprænge ud.

~ m.s.

Hvert et ord, der efterlader din mund, lytter jeg til med hvert hjørne af mit hjerte.

Dine krystaløjne brænder ind i mine, jeg ser din lidenskab, men, kan du se min?

Jeg gør mig klar, jeg kan vise dig den lidenskab, der synes at skjule, men som jeg åbner min mund, vrider du dig.

Din uro danser i dit blik, som mine ord spreder sig på din krop som gåsehud.

Og pludselig står jeg foran dine jordiske rester.

~ m.s.

Hvert ord fra mine tanker blev overladt til at være noget, der gav mening.

Men i sidste ende var papiret tomt.

Du forstod.

Du anerkendte.

For i dig fandt mit rod altid sig organiseret.

~ m.s.

Følelsen af mit hjerte, der knuses, går dybere end nogensinde før.

Noget, jeg nu syntes at have mistet.

Skal jeg bryde sammen i nattens stilhed?

Kan jeg stadig komme videre med alle disse glasskår omkring?

At bryde sammen kan virke så uskyldigt.

Det er katastrofalt.

~ m.s.

Du forsvandt fra min inderste kerne.

Fra det indre, der var så ømt.

Den mørkeste del af himlen blev et sted, hvor stjernerne ikke engang brændte.

Og der sad jeg et stykke tid.

Tænkte hver tanke, der nogensinde kunne krydse et sind som dit.

Sagde hvert et ord, der var tilbage at sige.

Fordi du efterlod noget i mig, selvom jeg nu er helt tom.

~ m.s.

Lad dine hænder finde mig, når du er ude af sigte.

Fortæl historierne om et sted derude, der ikke ender på samme måde som denne.

Dette kan være slutningen, og det er den historie, jeg mindst holder kært.

Så jeg lever i frygten for, hvad der vil komme.

Og din omfavn holder mig i min krop.

For uden svæver jeg fra mig selv.

Du er nødt til at blive hos mig.

Jeg elsker dig, og det siger jeg virkelig ikke for ingen ting.

~ m.s.

Jeg fløj og voksede større vinger.

Fik mig selv til en storm uden regn.

Alligevel var der torden, men sommerfuglene flyver stadig.

Men her er jeg, sakker agter bagud i mørket.

~ m.s.

Jeg kan ikke se verden på samme måde.

Som om mine øjne er blevet udskiftet.

Jeg ser farverne, men svagt.

Jeg forstår verden, men for hvilken pris?

Alt var så bedre uden forståelse.

Jeg synes at være kommet videre, og jeg ville ønske, at jeg ikke var.

~ *At blive voksen*

Endnu engang slår mit hjerte lidt for hårdt mod tremmerne i det forladte mørke.

Da du åbnede dine arme, så jeg kun kærlighed.

Men jeg var nødt til at give slip, fordi at holde fast gjorde for ondt.

Lad mig leve, hvor solen altid går ned.

På dette sted vil der altid være en morgen, og der er jeg ikke sikker på noget.

~ m.s.

Og pludselig skrev vi vores egne kapitler.

Måske i et andet liv vil fuglene synge lidt højere, og blomsterne vil dufte lidt sødere.

Men for denne gang vil vi leve i de fordrukne nattetimer, hvor morgensolen først står op om evigheder.

~ m.s.

Hun kunne stadig stå med et stolt smil.

Det fordrejede hendes ansigt, som det var en afspejling af hendes rige.

Ligene lå omkring hende.

Der var ingen skam at finde i det fjerne.

Dækket af blod fra de forviste.

Ingen turde behandle hende på samme måde igen.

~ m.s.

hvis jeg skulle bede
om en tjeneste
ville jeg opsøge

UNIVERSET

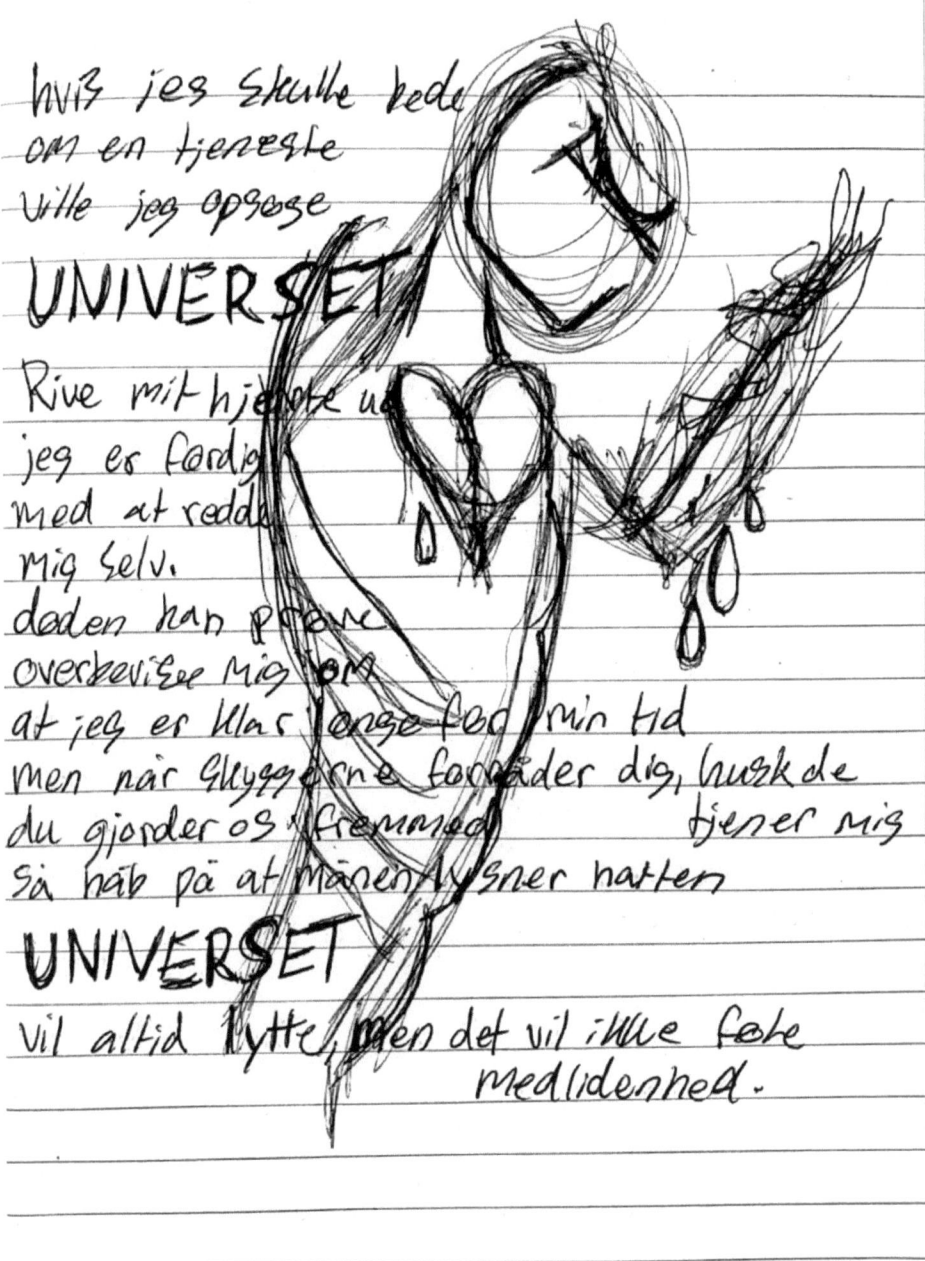

Rive mit hjerte ud
jeg er færdig
med at redde
mig selv.
døden han prøve
overbevise mig om
at jeg er klar længe før min tid
men når skyggerne forråder dig, husk de
du gjorder os fremmed   tjener mig
så håb på at månen lysner natten

UNIVERSET

vil altid lytte, men det vil ikke føle
                medlidenhed.

"Elsker du hende?"

"Ikke længere, men selv nu har jeg brug for hende"

~ m.s.

Omtåget.

Når fortiden krydser sindet, alt er omtåget.

Og det er derfor, jeg frygter stjernerne.

~ m.s.

Jeg ønskede at blive ødelagt lidt mere, end jeg ønskede at blive elsket.

Hvorfor?

Blive begravet, ødelagt og defekt.

Blive såret og leve i det glemte.

Forsvind, lad glæden være elendighed.

For dig var mørket en ejendom.

~ m.s.

Jeg kan fejle for det meste mig selv.

Bølgerne fortalte historier om havet, som ingen ønskede at tro.

Og derfor syntes stormen ikke at ende.

Så mørket blev.

Der var ingen bekymringer, stormen blev melodier.

Men i sidste ende skal skyerne søge bort.

~ m.s.

Da han druknede, gik de ind i galaksen.

Myten om bølgerne fortalte universet i stilheden.

Hans hjerte blev tomt, da mørket var deres had.

I deres hjerte var en hemmelighed skjult.

Han råbte, men de forsømte ham.

Efter al den tid har intet endnu ændret sig.

~ m.s.

Hvis en kugle kom brasende min vej, sagde du, at du ville lade den ramme dig.

Hvis det var min hånd, der skælvede på aftrækkeren, ville du gøre det samme?

Det ved jeg, at jeg ville gøre for dig.

~ m.s.

Som jeg går ned af denne gade
finder jeg Døden og Livet.

En heftig diskussion om min skæbne.
Tårerne kan falde, mistet i denne dag.
for mit ansigt er ugyldigt selv til de venlige Væsner der passerer.

mit sind kan snyde, og mine øjne
dæmrer illusioner
for himle er ikke altid denne lysende.
Nogle gange kan det hele kun
være mørkt og gråt.

DER VED BEGYNDER
VIRKELIGHEDEN

Hun kunne gøre, hvad end der lyster.

Det er DIN beslutning, jeg er skuffet over.

~ m.s.

For evigt vil mit hjerte falde, når det hører dit navn.

Og for evigt vil jeg være rædselsslagen, for melodien mit ensomme hjerte, altid vil fløjte med på.

~ *Første kærlighed*

Hvad jeg ville ønske, jeg kunne have sagt, var alt, hvad mit hjerte råbte.

Fordi dine ord var dybe og skar endnu dybere.

Din kærlighed var had, og jeg led under dit blik.

Men mit hjerte kunne ikke komme i kontakt med min hjerne.

Så endnu en gang kyssede jeg dine læber.

Og jeg vil for evigt fortryde det.

~ m.s.

Og igen, og igen så jeg hende tage din hånd, oplyse dit blik ved kun hendes berøring, og fortælle dig, at alt ville blive okay.

Mens jeg stod her, og lod hende.

Fordi det var nemt, og dit kaos var endnu en storm, jeg jagtede.

Så jeg kalder hendes navn,

" Oh Chance, oh Chance"

~ m.s.

Da mine øjne søgte himlen, spekulerede jeg.

Hvor mange gange har jeg set, men aldrig betragtet.

Hvor ofte kiggede jeg forbi billederne, som nattehimlen malede?

Hvor lille kan verden virke, når jeg ikke ser andet end den vej jeg skal gå?

Og så blev mit blik til tanker.

~ m.s.

Da hun frygter, hvem jeg foregiver at være, ved hun, hvem jeg er.

Mens jeg hævder at foragte hendes kærlighed.

Og falde gør vi begge.

I sidste ende var vores hjerter en nøgle til en lås, der altid syntes at gå tabt.

~ m.s.

Da jeg tog hendes hænder, rejste jeg rundt i tiden.

Hun omfavnede mig med den virkelighed, jeg engang kendte.

Så jeg kunne forstå den igen.

Da jeg vendte tilbage, bemærkede jeg, at hvor jeg stod, ikke lignede hjem.

Men det var det.

~ m.s.

Berusede dage og nætter er alle ens.

I bunden af flasken finder jeg svarene på spørgsmål, jeg aldrig har ønsket at stille.

Og så videre er mit sind beruset eller druknet.

Uanset hvad er det, det samme.

~m.s.

Det var som at være under vandet og ville drukne.

Opfordre stjernerne til, at dette var et ønske.

Men blive ved med at tage det sidste åndedrag.

~ m.s.

Himlen var fredelig, og bølgerne rolige.

For, når det kommer til det sidste, kan vi alle overleve det uventet.

Men, hvordan skal vi overleve os selv?

~ m.s.

Så jeg bløder og bløder, til jeg ej længere kan.

Ingen vil fatte mistanke, for jeg går med rettet ryg.

Uden smerten, der rejser i mit sind, kan du aldrig forstille dig, hvor meget blod jeg kan spilde.

Med endnu et blodbad, endnu en morder scene.

Hvis de bare kan stoppe med at træde på mit hjerte, som det var ingen ting.

Vil pinen måske ende.

~ *Omsorgsfuld*

Tankerne tomme, kun melodier.

"Hallo? Er der nogen, der kan hører mig?"

Intet andet end flere harmonier.

Kan jeg danse alene? Bare et øjeblik eller for evigt.

For, når jeg er alene, kan jeg bløde i et stykke tid.

Mine tanker er som skyer så bløde og fjedrede.

I virkeligheden er de tunge og bærer meget regn.

Ikke støvregn, ikke nogen få regndråber; måske en storm, der i stedet bærer lyn og torden.

Som en orkan i menneskelig form, ivrig efter at ødelægge alt, hvad der tør trodse den.

Fordi jeg er alene, og i kaosset er der ikke længere harmoni.

"Ingen kan hører mig, her er ingen"

~ m.s.

Ved hver bølge af lykke i mine årer finder jeg mig tilbage igen.

Tilbage til dette tunge dyb, hvor kun tankerne bliver genkendelige.

Jeg vil aldrig finde den ro, som jeg så desperat har brug for.

Nattens dans bliver kun smuk i måneskin, hvor du er.

Alligevel danser jeg altid alene.

Kan jeg vove at nærme dig?

Tør jeg?

For ingen bekymrer sig, når symfonien er højst, men jeg kan kun danse så længe.

Men den er kaos, og smerten vil endnu være mægtig.

Hvordan skulle du finde freden i mine øjne?

Lad mig bære misundelse i betragtningen.

For du blænder i denne stund, som jeg hvisker, "Befrielse, kære befrielse."

Og i et øjeblik

bare et øjeblik fandt jeg det, jeg søgte.

~ m.s.

Jeg må være grådig.

Jeg må have et forfærdeligt hjerte.

Jeg beder om mere selv efter at have fået alt, hvad dette hjerte kan bærer.

Jeg drømte.

Jeg opnåede.

Jeg glemte alt, der havde betydning.

Jeg glemte den ild, der før var så ukendt.

Jeg kan spørge højt, "Hvorfor gjorde du det?" og ekkoet vil hjemsøge mig.

Hun vil hjemsøge mig, for hun er mit genfærd.

~ m.s.

Hun lod sig gætte min yndlingsfarve.

Hun dansede i den, og støv fløj, da hun råbte om den højt.

For jeg ejede ej en yndlingsfarve.

Jeg har dog aldrig set præcis denne skygge som den samme.

Og nu danser jeg med hende i den.

~ m.s.

Fornuftens stemme.

Sløret og den statiske elektricitet, der strømmer et ødelagt fjernsyn.

~ m.s.

I skyggerne vises kunsten af tab.

Kun dem, der virkelig kender mørket, kan værdsætte det.

Og dem med, kun et halvt hjerte vil ligge i rastløshed uden at kende skønheden.

~ m.s.

Det var et uheld.

Det var ikke min mening at falde.

Det var ikke min mening at smuldre.

Men her er jeg, slået ned, og ude af stand til at stå.

Med blåmærker, der maler min krop.

For jeg vil altid falde, selvom det er for dine fødder.

At leve i din skygge er bedre end at leve alene.

For ensomheden kan dræbe, og du kan kun fordunkle.

~ m.s.

Dans med skyggesiden.

Konsumere hvert øjeblik.

Bliv iblandt det smuldrende rige.

Lad frelseren tage dig i hånden.

Selv når stormen nærmer sig.

~ *Ikke redningsløs*

Jeg taler, og jeg taler højt.

Som mit sind endelig kollapser.

Tåre falder, min stemme begynder at knække.

Ikke for medlidenhed, heller ikke for trøst.

Får dig til at forstå, hvorfor jeg er, hvem jeg er.

Og det gjorde du.

~ m.s.

"Jeg stolede på dig."

Det var dit valg.

Jeg har aldrig lovet noget.

Men tag bare denne vrede ud på min grav.

Jeg tager ikke ansvar for din indbildning.

~ m.s.

Er der ingen, der kommer i dag?

Skal jeg vandre i denne verden helt alene?

Døende for at erklære, eller bare døende.

Bange for at banke på døren, hvor jeg aldrig rigtigt har banket.

For selv, hvis jeg var døende, kunne ingen ændre den elektricitet, der strømmede igennem mig.

For den er ægte.

Hvilket er mere end, hvad man kan sige om dem.

~ m.s.

Jeg vil fylde mine tårer i små flasker, bare så jeg kan give dem til dig, når du føler dig lidt for tom.

Fordi dine ord fortærer dig, og efterlader dig efter apokalypsen.

Men her er jeg, hver eneste gang.

Og jeg vil aldrig fortryde det.

~ m.s.

Det var som to venner, der kiggede på hinanden.

I blikket, en kærlighed de aldrig helt kunne genkende.

~ m.s.

Sammen faldt vi.

Mod intet andet end en evighed af kærlighed.

Vi følte, da der ikke var noget formål eller en ende at møde.

Men det var der trods alt.

Trods alt, hvad vi kæmpede for, stoppede vi aldrig.

Vi kæmpede altid, hvorfor ikke bare lade det komme til en ende?

Kun for at indse, at ja vi faldt, faldt fra hinanden.

~ m.s.

Jeg fortærer en verden af smerte.

Hvis ikke det, tomhed.

Hvis mit sind er okay, er mit hjerte ikke.

For jeg fortærer en verden af smerte.

Uden denne pinsel er jeg ikke levende.

Jeg finder ingen løsning, og den finder ej mig.

Mine blomster er alle visne, og græsset er fyldt med brændte tændstikker.

Jeg danser med månen, stadig visnende, men gladere.

~ m.s.

Spejlet for øjnene af mig.

Jeg ser mig selv, men det gør jeg ikke.

Hvad vil der ske, hvis min hånd rækker ud.

Kan jeg sidde fast, når mit spejlbillede er en, der ligner mig.

Vi gør de sammen ting, men andre tanker gemmer sig.

Er jeg virkelig kommet ud for at finde en grund til at skjule mig?

Hvem er det, jeg ser tilbage på?

Det er ikke mig, men det er det jo.

~ m.s.

Det er indebrændt, og tungt.

Så hult, at det bliver desperat efter, hvad som helst.

Tårerne falder, og skrig formes til øredøvende kald, men intet kan overgå kroppens fald.

Jeg er nemlig en blødende sjæl, og jeg føler ingen livskræft.

Jeg ved tiden heler, men uret går ikke længere.

~ m.s.

Vi gemmer os alle.

På den ene eller anden måde.

Det er okay, det skal nok gå.

Men ikke gem dig for evigt.

Det er de ødelagte ruder i det tomme hus, men fodspor ved døren.

Lad sandheden være sværere end selve løgnen.

Ingen er hjemme, men jeg kan høre den tunge vejrtrækning.

For bag dens facade gemmer sig en ond sandhed.

~ m.s.

Håndtrykket var mærkeligt.

Det havde malet min hånd blå.

Jeg rørte ikke ved nogen.

Fordi jeg var bange for, at det ville defekter dem også.

~ m.s.

Jeg er bange, når mit sind vandrer bjerge.

Hvad kan morgensolens isne finde frem af tanker.

Jeg frygter, hvad folk vil tænke, hvis jeg taler det ind til knoglen.

Men jeg ved, at jeg vil forsvinde i nattens tåge, hvis jeg nægter dens hemmelige gåde.

~ m.s.

Mit så iturevet sind, og opbrugte hjerte.

Vores bånd kunne række langt, men nu er det brudt i det fjerne.

Stjernerne viste dig vej, men jeg tror ej på denne myte.

Vores tårer faldt, for jeg havde intet valgt end at forsvinde.

Og jeg vil lide af fortrydelse, når det er alt for sent.

~ m.s.

Jeg sidder i dynen, der ikke lader til at have nogen ende.

Den vikler mig ind, jeg er fanget i dette mylder.

Fokus eksisterer her ikke længere.

Jeg drives til det endeløse sted.

Kan jeg bekymre mig om fremtidens drømme, når jeg stadig er i fortidens mareridt.

Jeg kan ikke vågne op fra de søvnløsenætter, der ofte kommer og banker på min dør.

~ *Overtænker*

Når du siger det med den attitude, kan jeg ikke lade, vær med at tænke på, at det måske ikke betød noget for dig.

Ikke på samme måde, som det gjorde for mig.

Jeg drukner tit i tankemylder, og her er der ingen regler at følge.

Så jeg spiller efter mine egne regler, men de følger mit ønske.

Og det ønske er ikke en tydelig løsning mere en vejledning til, hvorhen jeg finder det overordnede problem.

Men hvad nu, hvis problemet er mig?

~ m.s.

Jeg beundrer de tanker, der drager sindet.

Så tiltalende, så overbevisende, så uendelige.

Bare en tanke.

Så stærk den kan ændre alt, hvad der endnu ikke har vist sig.

~ m.s.

Så det er, hvad du er.

En farveblind bi.

Der forsøger at finde den smukkeste blomst i stedet for den, du virkelig har brug for.

~ m.s.

Hvis vores sidste dans skulle glemmes.

Ville du gøre det hele om igen?

Eller ville du stoppe musikken og lade mig forstå, hvorfor folk frygtede stilheden?

~ m.s.

Hendes smil var lidt for bredt, og lidt for begejstret.

I betragtning af blodet, som hun havde malet på væggen.

Det knuste glas gav min fortjeneste mening.

Da hun efterlod mig skadet.

Døende og forrådt med løgne fra den trone hun sad på.

Aldrig ville hun komme ned fra det kongerige, hun havde bygget.

Men hvad hun havde bygget det af, vil komme frem en dag.

Så her sidder jeg, ventende til, jeg når de endeløse dage.

~ m.s.

Dine fingre var som en brand, og min krop brændte gerne ned.

Jeg elskede varmen, men har had til feberen.

Men jeg lod den nye lyd af min bankende kerne gøre en smigret pige en skyldig lidenskab.

~ m.s.

Nogle gange lagde jeg ikke mærke til lynene, der slog ned omkring os.

Vores blikke fandt oftest hinanden.

Hver gang blev en gnist tændt i mit bryst og lod ikke til at ville gå ud.

Jeg indså, vi kiggede lidt for længe lidt for dybt for os bare at være venner.

~ m.s.

Han betød intet, da jeg mødte hende.

Eksplosioner så dræbende, det kunne udrydde alle undtaget mig og hende.

Nogle gange var det mit farligste ønske.

Andre gange vidste jeg, at vi var dødsdømt.

~ m.s.

Jeg var sikker på, at det var os for evigt.

Men ikke alle bøger ender med, "og de levede lykkeligt til deres dages ende."

~ m.s.

Ingen kan virkelig nærme sig denne side.

Kende denne side, der er mig.

Hvor kan de se mit spejlbillede?

Genkende mig.

Det mørkeste hjørne kan vi finde i så mange andre også.

Skjult, men stadig der.

Jeg lader mine frø drukne i en dråbe regn.

I forsøget på at holde mit sind det rigtige sted.

Men er der i virkeligheden noget rigtigt eller forkert.

~ m.s.

En ild i mit hjerte.

Det var den røde ræv med karameløjne, der smeltede min kerne.

Flammerne ville vare ved, men skønheden i det ville forsvinde.

Den valgte ødelæggelsens vej, og jeg var efterladt itu.

Men skønheden forblev smuk.

~ m.s.

Hvordan kan ord gribe om dit hjerte, splintre din struktur og knuse dig til støv?

Alt det dyrkede, lige til at hive frustrationen op af jorden, da ansigtet druknes i havet af tårer.

Vreden, der vil efterlade dig ensom, forvandlede dit liv til din død.

Vil hulket nogensinde stoppe?

Efterlade alt, og alle.

Hoppe og danse på graven, hvor gravstenen tilfældigvis bærer dit navn.

Fortiden er måske væk, men det føles, som om den er et ord væk.

Kun et ord væk.

~ m.s.

Mit sind er kaos, og mine tanker danser med.

Kontrollen ligger endnu gemt i mine knogler.

Min længsel efter skyggerne, der før i tiden var min ven.

Jeg er omringet med farver af min egen skabelse, der nu synes at blive sort og hvid.

For se, hvem der nu gemmer sig igen.

Bag skyggerne, der før i tiden var min ven.

~ m.s.

Vandet er faldende, floden synker.

Han er alene hjemme, og han er ved at miste forstanden.

Han hører mine kald, men de falmer.

"Jeg kan ikke miste dig, vis mig du kan kæmpe"

Dog er han ved at miste ham selv i dansen med livet og symfonien døden elsker at synge med på.

Mine øjne er i sorg, og min berøring er et lys, der er ved at gå ud.

~ m.s.

Mit sind ånder endnu.

Jeg beder til en gud, men jeg har ingen tro.

Beklagelser flyder i mine årer, og vand fylder mine lunger.

Tiden flyver forbi, og jeg genkender enden, der nærmer sig.

Så hør mine bønner, og giv mig endnu et åndedræt.

~ m.s.

Dagen var gylden.

Natten var sølv.

I universet var de så langt fra hinanden.

Men når natten mødte dag, var himlen så blændende mørk.

~ m.s.

Tag fat i mig.

Hiv mig ud af denne drøm, for kun mareridtene kan ende dette vidunder.

Rastløs forlader du mig.

Rastløs forsvinder jeg.

Selv drømmeland kan ej holde dig.

~ m.s.

Dans med mig, og forgiv tid ikke eksistere.

Lad timeglasset være fjenden.

Vis, at du ikke er et fjols.

Vis din evne til at være hævnrig, men elskelig på sammen tid.

Fordi du kan ikke forgive, at tid bevæger sig hurtigere eller langsommere.

Fordi hvert et minut tager præcis den sammen mængde af sekunder.

Så forgiv med mig.

Benægt denne verden ingen af os tilhører i.

For vi kan danse her.

Uden tiden til at ødelægge os.

~ m.s.

Hvad, hvis græsset var lidt mørkere, men blomsterne oplyst?

Hvad, hvis fuglene var stille, men de faldene blade synger sangene af naturen?

Hvad, hvis livet var nemt, og døden kompliceret?

Hvad, hvis afskeden ikke fandtes, og hilsner var evige?

"Hvad, hvis" er ikke en forandring, men et ønske, der ikke findes andre steder end drømme.

Så begynd at ændre, begynd at opsøge.

Før du ved det er drømmene virkelighed.

~ m.s.

min krop er forkert
hvordan skal jeg være tryg?
jeg leder efter mit hjerte, men det er det
hvordan vil jeg   forkerte sted.
komme til,
hvor jeg skal være?
jeg vil KÆMPE
men det slår mig ned

jeg vil måske
tabe
eller
vinde,
men måske
det er helt håbløst at kæmpe for en
                                          ukendt pris.

hvor skal min tvivl ligge?
hos mig eller mit hjerte?

Engen har ingen ende.

Min kjole er gennemblødt i dug, og et jakkesæt er på jorden for mine fødder.

Jeg hører en genfærdmelodi af et gammelt klaver, men jeg er den eneste pianist.

Betragtelige blå øjne kigger ind i mine; jakkesættet er på dem, og vi er to i en.

Før drømmen kommer til en ende, og jeg indser, jeg er den fremmede.

~ m.s.

Jeg skriver ordene af ødelagte tanker.

Nogle gange ser jeg dem så klart som glas.

Andre gange vil de forvandles til skarpe stykker før blækket når papiret.

Jeg ved mine tanker trænger igennem, når jeg skriver.

Så ubehageligt i mine årer, men nødvendigt i øjeblikket.

~ m.s.

Hun havde ikke brug for at blive reddet.

Hun var aldrig rigtig i fare.

Hun var forsvundet, fortabt, og ville intet andet end at blive fundet.

Hun kunne mærke skrigende fra de mennesker, der elskede hende, men hvor var de skrig fra dem, der kunne lide hende?

Derved forblev hun fortabt, og aldrig fundet.

For i dagens lys var hun blændet, og i nattens mørke var hun klar.

Her befandt klarheden af det dystre.

~ m.s.

Modighed findes ikke altid i løvens rystende brøl.

Nogle gange i den svage hvisken fra hjørnet i det mørkeste, blødende rum.

"Jeg vil prøve igen i morgen."

~ m.s.

Bedrøvet luft fylder mig, tung om hjertet, tåget i tankerne.

Jeg er i mørket.

Mit sind fortæller historier om at flyve.

Det er så vidunderligt, men frygten skal også ses.

Hvor henne er min frelser?

Min symfoni er intet i sammenligning.

~ m.s.

Sorgen fra hans fortid hjemsøger hans fremtid.

Han kunne endnu ikke blomstre i hans skønhed.

Stilheden var hans sang, men en storm i hans sind.

Han var den eneste, der kunne hører den så tydeligt.

Et blad falder fra en blå ridder.

Det lander på hans hjerte kvidder, og smadre hans tanker.

En ny sang omringer hans sind, men han nægter at give et bifald.

Blomsten drukner i regnen, kæmper for endnu et åndedræt.

En melodi skinner for ham, når han lader den.

I åbenhed, lader han glorien omfatte ham.

~ m.s.

Hendes blødende sjæl var urørlig.

Jeg sang alle mine melodier, men hun skar hendes ører af.

Jeg vendte ryggen til, fornuften prøvede at hive mig tilbage.

Men i kampen mod døden var der ingen, der vandt.

Før hun blødte, var hun blomstrende skønhed.

Alligevel var der nogen, der havde kvast det dyrkende.

Og nu var fortiden blevet til nutiden.

~ m.s.

Det var som døden var sket.

Og jeg havde overlevet den.

~ m.s.

Jeg giver dele af mit hjerte ud.

Kun jeg har illusionen af dem alle sammen samlet.

Kun du har fået lov til at se det.

Du så, hvem jeg var, men der var ingen forståelse i dit blik.

Smerten af endnu en kniv i ryggen viste du mig, og nu ser jeg kun de iturevet dele.

Fordi, hvem jeg var, var alt for overvældende.

~ *Da jeg låste mit hjerte af*

Fandt din mandag endnu en pinsel i dag?

Ja.

Det er okay snak til, dit hjerte lettes op.

Det er snart tirsdag, dine tårer fylder midnattens måne op.

Således som din stilhed fylder natten.

Vil i morgen blive bedre?

Måske du kan sætte dit øje på det gode, omfavne det til, dit hjerte lettes op.

De gode mennesker, dem din kærlighed samles om og deres om dig.

Jeg forstår.

Glædelig tirsdag til dig.

~ *Kære forælder*

De tanker, der kan drukne i sindet, er for tit hos mig forenet.

Sammen står man stærkere, men i dette tilfælde vil jeg helst ønske.

Ønske, at man svagere stod sammen.

For denne gang er jeg ikke en del af flokken.

Og ulvenes hyl og knoren flyder for tit i natten, hvor jeg er faret vild i skoven.

Tættere kommer de, og jeg står atter alene.

~ m.s.

Kærlighed en vidundereffekt.

Der både kan findes i drømme og mareridt.

Som stoffer eller afhængighed, med dem er kærlighed stadig en del af den sammen hjerne.

Forstå det sindssyge, forstå lysten.

Det er vidunder og mysterium.

Men på sammen tid, alt for dystert.

~ m.s.

Du er ødelæggeren, men kun mod mig.

Din gift kan danse i mine årer, for mit liv er endnu et spil, du elsker at deltage i.

Hvis blot jeg lader tårerne falde, har du endnu en sejr.

For jeg kan vågne om morgen, og mærke usselheden falde over mig.

Som brækkede knogler er jeg intet mere værd, når jeg først falder sammen.

~ m.s.

Jeg kan tydeligt mærke den blide pine.

Blodet, der krystalliserer i det kamp ødelagte glas.

Spurte igennem de bragende tanker.

Skal jeg blive gennemblødt af regnen eller ramt af lynet?

For selvom jeg kunne kravle ud af mit eget kød, og se, hvem jeg egentligt er.

Vil jeg altid vide, jeg langtfra er, hvem jeg ønskede at være.

For denne skikkelse er en ide, og jeg er blot endnu en drøm.

~ m.s.

Hvis jeg blev tilbudt universet til at holde i min bare hånd, og jeg intet andet skulle gøre end at give slip på dig.

Ville jeg kun miste det dyreste jeg ejer?

Det, der findes mellem dig og mig.

For i denne kaos belagte verden findes der ingen forbindelse.

Støjen flyder i vinden, vi burde flyde med den.

Du skaber balancen, der holder mig her.

Balancen, der omfatter min sjæl.

For uden dig flyder vi alle i vinden.

Mere værd end kan anes.

For dit værd findes ikke i det mørke, der omfavner dig, du er så meget mere.

Så forsvind ej, for vores sjæle er tomme, vores hjerter er stoppet, hvis du drager væk fra dette kaos belagte sted.

Forsvind ej, foruden må jeg danse i natten, da jeg ikke kan finde balancen, og uroen finder mig.

Selv morgens stund kan ikke sammenlignes med en nåde som din.

Men bag denne nåde, er der endnu en forblødt sjæl.

~ m.s.

Hvad vil du gøre?

Kan din verden smelte endnu mere, eller vil den blomstre i den bløde lava?

To personer, der elsker hinanden.

Splittes.

Fortabt i vildskaben.

Eller bare fortabt.

Ingen forhindringer kan give glæde til det ødelagte.

I sidste ende vil der altid være to valg.

~ m.s.

Da jeg sagde mit sidste farvel, var mit liv lidt nemmere for en dag.

Det er en vrede, som jeg kan mærke om mit hjerte.

Det var som at kører i en aften dis.

Intet kan sætte ord på den torden, der flyder gennem mine årer.

Forsvundet i rytmen, der følger min hjertebanken.

Mit sind kan ikke se tydeligt igennem tågen.

Men i et øjeblik kommer natten, og døsen er fuld af det ukendte.

Du gør det forfærdeligt for mig.

Jeg fandt den blæk belagte vej, der skulle lede mig til det tomme hjem.

Jeg kendte de dybeste revner i muren.

Men selv mine var nådesløse.

~ m.s.

Jeg falder i dybet, endnu kan jeg ånde.

Jeg flyder, og jeg kan ikke se enden på dette fald.

Her er dog solnedgangen i den rosa himmel lykkebringende smuk.

Jeg kan ikke herske over dette.

Hvad er forskellen på at falde eller give slip?

Hvert sekund kan jeg blive efterladt uden endnu et åndedrag.

Jeg har ikke nogen bekymring, når jeg ser på dette vidunder.

Du er inderligt et vidunder.

~ m.s.

En varm følelse, der fylder mine lunger, når jeg ånder for at byde morgenen velkommen.

Solen er oppe, kun lige i øjenhøjde.

Dage som denne er, hvad jeg prøver at huske.

Mit hjerte banker i rytme med træernes melodier.

Sommerfugle flyver ud sammen med nogle bier.

~ *De gode dage*

Kan fantasien række så langt?

Kan vi tro på andet end det, der lader sig vise?

Dem, der drømmer om en verden ud over vores eksistens.

De er sig selv; de er dobbelt.

De er her, men stadig et sted så langt væk.

~ m.s.

Jeg har mistet antallet af løfter, jeg har brudt for dig.

Jeg har mistet antallet af løgne, som mine læber har fortalt.

Jeg har mistet magten til at tænke i mit eget sind.

Jeg har mistet mig selv for dig, og hvad du har skabt mig til.

~ *Ødelagt på grund af hende*

Nogle gange undrer jeg mig, hvad mit sind forsøger at gøre.

Nogle gange føler jeg, at jeg giver lov til at ætse.

Nogle gange ved jeg, at den prøver at narre.

Nogle gange genkender jeg varmen fra kærligheden, der giver sig tilkende i tide.

~ m.s.

Jeg fejler mig selv, gang på gang.

Hvorfor gør du dette!

Hvornår slutter det!

Hvorfor skriger du ud i tomrummet i stedet for at muliggøre fremtiden?

Styrken af mine lunger vil aldrig overmande denne dyne af pinsel jeg påfører mig selv.

Blodet, der flyder fra det knuste glas, er kun et bevis på, at jeg endnu er levende.

At jeg endnu er ventende på den storm jeg selv er skyld i.

~ m.s.

Tag min smerte, kære befrielse.

Til dig gamle ven beder jeg intet mere end forståelse af den magt, du bærer.

Se blodet, der strømmer fra mine åbne sår.

Du siger, at du ikke kan.

Jeg har brug for din helbredelse.

Jeg kan ikke leve, og drukne på sammen tid.

Find den side jeg tilhører.

Du er nødt til at vælge.

Bliv eller forlad.

Uanset hvad vil ingen af dem være nemme, men her er jeg.

Tvinger dig til de hjælpeløse, når du selv er en del af dem.

Dagen venter forude.

Vi ved det alle.

Men troen kan være, hvad der mangler.

Så vi beder endnu.

~ *Vi er ikke alene*

For i en verden, hvor aske falder som regn, befinder Døden sig åben.

Evige skygger bliver gylden, for der er intet tilbage.

Blomstre fra de nætter, der holdes kold.

Blev du skaberen, da du fandt denne måneskin smuk, i det nedbrændte.

~ m.s.

Kan skrigende fra det blødende være for voldsomme?

Hvad skal der til før min sjæl fornemmes i landskabet?

Dagene smelter især sammen, når solen aldrig lader sig gå.

Hvornår kan jeg sige at jeg har set min fred?

Nu, når jeg befinder mig i denne ro.

Men tro ikke det er slut.

Mine tårer mangler, og jeg er alene i et overfyldt rum.

Raseriet, der flyder i mine årer, begynder at vise sig.

Jeg taler til djævelen, fordi englene valgte at skjule sig.

Jeg har brug for lederen af denne krig, fordi jeg vil ikke længere være soldat.

~ m.s.

Fortæl mig kære rose, hvorfor skjuler du dine torne?

Hvordan kan du lade dem skamme dig?

Hvordan kan du lade dem gro i dine tanker?

Du kan rive mit hjerte åbent og lade mig bløde i mørket.

Jeg kan se den knuste sjæl, uanset hvordan du gemmer dig.

Hæld din syre ned i min, og fortæl mig endnu engang, at det at komme her gjorde mig dødsdømt.

Uden dig kan jeg lige så godt forstå nu.

Hvad, der viste dig så grusomhed, dog herlighed, at du blev nødt til at blive.

Lad mig vande dine frø, så du kan vokse over bakken.

Du reddede mig, så tro ej, jeg nogensinde vil forlade dig.

Du skabte min vej, og for altid skal jeg være i gæld.

Taknemmelighed for vores rødder kan ikke brændes.

Vi er overlevende, så lad mig holde din byrde af torne.

Du er ikke alene, din blide syre kan ikke skræmme mig borte.

~ m.s.

Det er en udfordring at se det falske fra det ægte.

I denne verden især.

For alle skiller sig ud, men ingen på en måde, der er vigtig.

Tanker er ens.

Vi snakker i munden på hinanden, men gør vi virkelig?

Når det i sidste ende er de sammen ord vi lader slippe.

Derved forholdes det ægte endnu i skyggerne.

Dog slipper det løs en gang i mellem.

~ m.s.

Min indre dæmon er mit indre selv.

Og den falder grædende sammen i hjertet på min sjæl.

Når nederlaget har fundet vej, læg mig i en kiste.

Løft en drink i jubel for mit liv og ikke, hvordan det sluttede.

Spil højt min favorit melodi, og fra den anden side skal jeg være.

Sammen med månen, hvor vi evigt vil lytte.

~ m.s.

Hun tog min sjæl for, hvad den var, og hvad den rummer.

Viste mig, hvad jeg frygtede mest.

Løfter om, at det ikke ville blive præcist det.

Men jeg begravede dens lys dybt i underjorden.

Min hånd dyppet i det røde af min sjæl, som jeg dræbte i koldt blod.

I lang tid var jeg intet andet end skyggerne.

Skjult, glemt i mørket.

Min frelser bragte lyset tilbage.

Jeg var knust, men levende.

Her fandt jeg, hvad der var faret vild.

Flygtede fra kisten og vendte hjem.

Hvad ville føre til mest smerte?

Den aktuelle pine, eller smerten, der fandt sted i ensomheden?

Det var det største hul i tomrummet.

Men her var jeg, et hjem med tomme billedrammer.

Og en dyb sorg, der fandtes i døden på de efterladte.

~ m.s.

Jeg kan lade mine spørgsmålstegn forstå, hvorfor de finder sted i hver åbenhed dagen finder.

Om ting, der er så enkelt som livet.

Ingen kontrol, eller al kontrol. Det er i virkeligheden ikke helt til at vide.

Alligevel står jeg med det sidste ord.

For mine tegn er løse, og ingen kan forstå dem før til sidst.

For jeg finder selv ingen forståelse i deres eksistens.

Kan man måske leve et liv uden frygt overmander alt andet?

Så det flyder.

Og indtil videre forbliver det døren, der ikke vil lukke.

Der er en sikkerhed i, at intet oprigtigt vil forblive det samme, lige såvel der er utryghed.

~ m.s.

Hvis nattens festrige vold forlades ved morgens dulmende ro, ville dagen fortsætte følelsesløst.

Ingen forståelse af dette blik, der intet nu kan findes i.

Hvor er festlighederne?

Hvor er den nydelige stilhed?

Der findes kun, hvad der altid har været, men nu er du blevet ugenkendelig for denne verden.

~ m.s.

Hvad, hvis du besluttede dette var det sidste åndedrag?

Du fulgte det skarpe lys, hvor der stod en mand du mødte.

En fjer, der fladede ud af hans vinger i nattens månelys, dannede en ny blidhed i det kaos lagte sind.

Så venlig, og så ægte.

Men stadig kaos.

Se sjælekval i øjnene på dem, der elsker dig.

Se dem gå til det samme mørke, dit sind var fanget i.

Din kamp er ikke slut.

Krigen er dog begyndt.

Se ikke, hvad du vil afstå.

Se ikke befrielsen.

For denne såkaldte befrielse er en overgivelse af pinen.

~ m.s.

Hvad er dette for en gift?

Hvorfor flyder du i mine årer?

Jeg kender dig ikke, forventer du at blive?

Skal jeg genkende noget, der pumper gennem min krop?

Vil mit hjerte give op på det giftige kemikalie?

Jeg kan lytte til melodien, se bort fra lyrikken.

Men virkeligheden ser ikke ud til at ville give efter.

Så æd mig levende, æts mine knogler.

En dag vil minder få mit hjerte til at springe den ene note over.

~ m.s.

Hun trækker i kæderne, der er vokset på min hals.

Hun er den, der har kontrollen over alt, alligevel har jeg en stærk vilje til at danse efter hendes lidenskab, og derfor vinder jeg.

~ m.s.

Hvordan frelser man et liv?

Hvordan tør du spørger om sådan et genert lys?

Alle er i lidelse, på den ene eller anden måde.

Se det i deres øjne.

Se det i dine.

Nogle gange er dråberne fra de mørkeste skyer alt for tunge.

Det er de revnede sjæle.

Det synes håbløst, men frelsen er ikke uopnåelig.

~ m.s

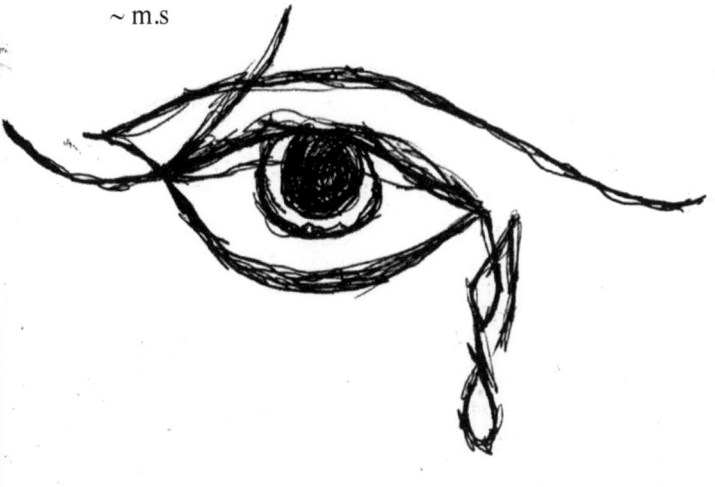

Jeg ville kalde det kærlighed.

For du var kniven, der drejede i min brystkasse, når muligheden for at tænke dit navn fandt sted.

Så lad sukket falde på plads.

For smerte har aldrig været kærlighed.

Derfor ligger jeg snart i den grav, jeg skabte selv.

~ m.s.

Er dette i virkeligheden en kunstig eller ægte plante jeg lader mine tårer spilde på?

Jeg kan ikke forhindre mine tanker i at nå grænsen.

Er dette en facade, jeg har glemt at jeg lavede?

Stjernerne holder endnu fast i min sjæl.

Jeg kæmper, men er dette bare endnu en kamp, eller er det stadig den samme gamle krig?

Jeg vil brænde min fortid og efterlade den, men hvis fortiden er nu, hvordan kan jeg så tænde tændstikken?

Jeg stiller så mange spørgsmål og har ingen måde at besvare dem på.

Jeg må være modig.

Jeg må være stolt.

Fortsætte med at kæmpe krigen, tage hånd om hjælpen, der bliver tilbudt.

Jeg må.

Kun for at bede fortiden om at brænde i helvede.

~ m.s.

Det var lysene på min fødselsdagskage og alle dem omkring, der var kommet for at fejre.

Flammen fra de sytten år, som jeg ikke troede, jeg ville nå.

Jeg føler mig befriet, er det det rigtige ord?

Det er, som om jeg trykkede på aftrækkeren, men der kom blomster ud.

~ m.s.

Hun havde mange ansigter.

Hvor mange var ægte?

Hvor mange havde hun snydt?

Fandt hun nogensinde, hvem hun ønskede at være i denne verden.

Kunne hun tænke en selv ejet tanke.

Med alle disse hjerter hun havde at bære.

~ m.s.

Det var som at støde på et gigantisk, detaljeret kridt kunstværk på et fortov i en ukendt by, der for evigt ville minde dig om, hvor smuk varmen kunne være, og hvor dejligt skyggernes former var.

Der var overvældende at træde på dette kunstværk, så jeg prøvede at undgå det så vidt som den eneste.

De efterlod deres afmærkninger.

Alligevel så jeg skønheden, der syntes at være evigtvarende.

Her ender glæden ikke, uendeligt tilfreds med opdagelsen.

Verden forsvandt ind i baggrunden, og en lille musikers melodier fra gadehjørnet kom dansende ind i min verden uden undtagelse.

Og sådan føltes det, da min sjæl mødte din.

~ m.s.

Jeg sad ansigtsløs i et værelse.

Endelig alene, men for ensom.

At elske varmen folk kan medbringe, men hade kulden, der er svær at komme igennem.

Alle mine masker hænger på væggen, som frakker, der venter på at blive brugt.

Men jeg vil ikke benytte dem, jeg vil udtrykke mig uden dem.

Alligevel, når jeg prøver at skære mig løs, kommer hjælpende hænder overfyldt.

~ m.s.

Hvad er dette imellem os?

Foruden intensiteten af galaksen, hvor er mængden?

Vores afsked skal endnu ikke finde sted.

Hvor er blødheden, som burde ligge i vores strid.

Blomsterne kan ikke blomstre, når vi er døende.

Jeg kan ikke se dig.

Hvor er tråden, der skal føre os til hinanden, indtil vores sjæle kombineres?

For vi farer forbi hinanden.

Stjernerne kan ikke yde eskorte.

Men, vinden fortæller den fulde sandhed.

Eller den vi har brug for at høre.

Inderst inde var vores træf kort.

Jeg elskede hende, selvom hun ikke var andet end en fremmede på et tog.

~ m.s.

Jeg ser den permanente erstatning glæden er blevet, men jeg er endnu et *permanent* sted i mørket.

Savner du ikke ligegyldigheden?

Savner du ikke at svæve?

Jeg ser dig.

Jeg ser det lys af håb du danser i for at blive det, men min glæde vises i den ødelagte nat.

Du skal ikke bede mig tage den hjælp, jeg engang tilbød.

Ude ved enden har dine ord ingen værdi.

Den, frelsen, du bærer, kan ikke redde mig fra, hvortil jeg FØRTE MIG SELV.

I skylden må du tilstå, for hvad der var dine dæmoner, er blevet mine bekendte.

Du bløder ikke mere, men det gør jeg!

Og for dig vil jeg dræne.

Natten vil hele i måneskinnet.

Det er sådan, dagen bliver fundet, men jeg fatter ikke godhed kun, når mit hjerte drages til dig.

Og dette vil aldrig blive tabt.

Du skubbede mig i det endeløse.

Ikke til at frelse, efterladt i fortabelse.

Du gav slip, selvom jeg aldrig ville.

Og alligevel dalede vi begge i den ødelagte nat.

~ m.s.

Vær forsigtig, mit sind er ømt.

Din kærlighed er rar, men mit hjerte er slidt.

Så vær forsigtig.

Jeg eksploderer måske, men jeg føler fred i dit hjerte.

Men vær forsigtig.

Jeg klæber mig til det spildte blod.

Jeg drukner i tårer fra mit spildte liv.

Så hold mig tæt, eller lad mig vandre.

Tag din beslutning, og ændre den ej.

Men vær forsigtig.

For jeg jagter stadig de revnet storme.

~ m.s.

En harmonisk hjerterytme vises i dybet.

Denne melodi vil spille for evigt.

Vi lærer den at kende og glemmer aldrig rigtig, hvordan den lyder.

Den skal fortsætte, mens vi oplever betydningen af dens ord, og så vil vores liv aldrig være det samme.

Men vi vil leve videre, og i hukommelsen vil den gemmes.

Den vil give dig mest lykke, og forårsage mest ødelæggelse.

Den vil altid være stærkest, og alligevel også svagest.

Du bøjer for kærlighed, men den bøjer ikke for dig.

Intet og alting.

Vreden vil følge, også sorgen.

~ m.s.

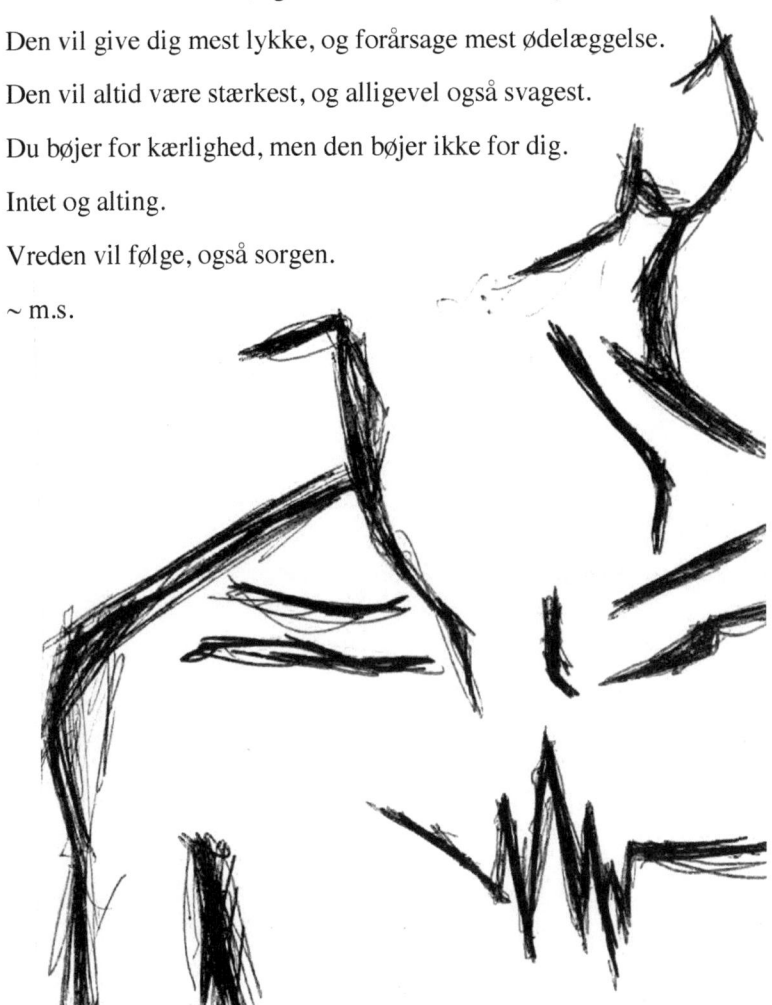

Da du kaldte navnet, jeg havde ventet på at høre.

Åbnede mit hjerte sig i stedet for at knække mere.

Så i harmonien finder jeg befrielse.

For ingen ville prøve at ordne et ødelagt legetøj.

For jeg hænger i luften uafklaret, om hvem jeg er.

Men i dine øjne var jeg ikke noget man kunne lege med.

Og pludselig er melodien i mit hjerte en lykke i mit sind.

~ m.s.

Dragen var så magisk som beskrevet i historierne, og lige så fremragende.

Dens onde og kaos lagte øjne filtreres ind i ens sind.

Det gør ondt i hjertet at se dens lidelse, der var så grusom at skjule.

Gudinden, der omfavnede ham, skabte en slags fred, som ikke kunne mærkes før.

Det var hans frelser.

Det var hende, der kunne redde hans fortabte sjæl.

~ m.s.

Én for den kærlighed, du vendte til sorg.

To for den smerte du efterlod.

Tre for den helbredelse, jeg ventede på.

Fire for den dans, jeg fik med månen.

Fem for det møde med djævlen til ballet.

Seks for det helvede du mødte.

Syv for mig, der følte skyld over sorgen jeg førte dig.

Otte for det brud, der førte mig til enden.

Ni for kærligheden, der tager min hånd.

Ti for at finde freden uden dig.

~ m.s.

Jeg ville hellere blive plukket ihjel af kolibrier.

Fordi forfærdelige mennesker kunne have gode intentioner.

Men i den sjælløse verden, er der intet levende.

Fordi de grå skygger lader ingen glæde bære livet.

Og ud over det var du altid værd at redde.

~ m.s.

Mit værste helvede blev altid min fortrukket afsked.

Men glæden varmer mit sind.

Jeg vil altid leve frygtsomt.

Og for evigt vil jeg blive mindet om den morale jeg skulle have lært.

~ m.s.

Ilden svir i mit syn, og mørket danser med gløderne.

Papiret synger i mine hænder, og mine tanker løber ud over kanten.

Et af papirerne svæver ind i flammens kald.

Min første ægte kærlighed skriger i faldet, men svækkes, da det brændes op.

Det andet papir svæver med, og ord om fiasko siger farvel til mit hjerte.

Endnu et papir møder flammerne, og en dæmon af selvhad brænder væk fra mine tanker.

Da det fjerde papir ender i flammerne, er mit sind løftet fra kaosset.

Og nu mere end nogensinde hviler jeg i freden.

~ *At give slip*

Der er ikke altid en mening til livet.

Men historien, du skaber, er den sang, som nogen vil kunne lide.

Klangen i natten kan ikke undslippe mig for jeg er lys vågen.

Det er ikke kærlighed at afspille den igen og igen.

Det er en yndefuld sang, så når den afspilles, har den fanget alles opmærksomhed.

~ m.s.

Jeg styrter ned.

Dæmpende lyde.

Mit åndedræt, elektricitet.

Min hjerterytme, lyn.

Kaos er min elegi, kan min dans være gylden?

Sorgen fra det sløret, brænder hver nat.

Igen finder jeg dagen ukendt, og natten behagelig.

Det sted, der har mistet sit navn, har vist sig uanset, hvad det end vil komme til at betyde.

~ m.s.

Du lader dit mørke fortære dig, da det kunne fuldføre dig.

Falmende blomster omkring et blomstrende træ.

Se dine rødder.

Se, hvor dybt de når.

Vær ikke blind i dunkelheden se det svage lys.

Du er det venlige mørke, men den slags, der findes ved solens nedgang og opgang.

For jeg ser dig.

Og det er ren skønhed.

~ m.s.

Når dit sind bliver et had mod sig selv, gemmer jeg mig i et hjørne.

Et hjørne skjult langt ud i mørket; kun for at se, hvad du belyser.

For hvad du ser, er visne blomster og udbrændte tændstikker, når alt, hvad jeg ser, er et hjem.

Mit hjem.

Jeg så et belastet, men venligt mørke.

Jeg så, hvad folk har tendens til at være blinde for; alt, hvad der ligger ud over galaksen.

Og hver historie dens stjerner fortalte.

En kærlighed, der ikke tabte sit hjerte, men groede dybt i sjælen.

En forståelse, der er skjult for de fleste, aldrig at finde.

~m.s.

Jeg skriver dette digt, da jeg går hjem.

Hjem.

En følelse, ikke et sted.

At høre hjemme et sted, der ikke var forventet.

At finde, hvad der var tabt.

At pludselig se klart.

Jeg går til et sted, der har mistet sit navn.

Efter at have været med, hvem der er en grund til at blive.

~ m.s.

Jeg kan mærke, at jeg går fra forstanden.

Fortabt i skyggerne.

Det uklare danser om min døende bøn, idet jeg ved, at blomsterne smuldrer.

Det er længe siden ånden af en hvid fjer krydsede min vej.

Solnedgangen kæmper mod genfærdene, der vandrer på min kurs.

Måske er det derfor dagslyset er tomt.

~ m.s.

Hvis du omslutter mit sind, tager du min smerte.

Som det visne vil gro igen.

Det tomme blik vil følge dem.

Se tæt, men langt væk.

Jeg ser dig falde, mærker pinen.

Husker præcis, hvordan det føltes.

Lad mig hele bare lidt mere, før du overgiver, hvad du tog.

Denne gang vil jeg være rødderne i dette sind af kaos.

~ m.s.

Jeg var intetsigende.

I intetheden uden nogen rigtig mening.

Den tillid, jeg lagde på dem omkring mig, blev til faldende blade, da vi kolliderede.

Jeg troede, jeg faldt, men jeg hejsede.

En drøm, der i et øjeblik blev en realitet.

Ændring lader sig ikke ske over natten.

Lyset er ikke altid klarhed, men nok til at se igennem tågen.

Nok til at indse, at der er mere end dette ødelæggende mørke, jeg havde fået bekendtskab med.

~ *Håb*

Kig mig i øjnene.

Virkelig kig.

Jeg ved, du ser det knuste glas, der faldt sammen.

Verden har mistet sine farver her er kun de grå nuancer

Uanset hvorhen jeg ser, er den sorte sol, hvad der konkret skiller sig ud.

Du kan samle alle de brudte dele, prøve at sammensmelte, hvad der engang var ét.

Du kan dog aldrig se forbi den fulde sandhed, hvor i det engang var knust.

~ m.s.

Hvordan skal jeg spørger efter, hvad jeg har ingen forståelse af?

Kan jeg frygte, hvad jeg ikke kender?

Hvor genkendelsen ligger, vil mit hjertes sorg begynde, og hvor den ender, vil mit hjerte igen slå.

For jeg tror på det, der er foran mig, så vis mig lysets skygger, og jeg vil overgive mig til smerten, der skjuler.

Behovet for mørket og skyggerne, der er fordømt, skaber frygt for, hvad lyset kan ændre.

Men uden, hvordan skal jeg så finde frem til begyndelsens ende?

Så jeg må fatte mod.

Selvom jeg ikke står alene.

~ m.s.

Hendes stemme bliver skinger, når hun fortæller hendes brændende løgne.

Når hun ikke kan finde et svar til spørgsmålet, der leder efter forsvar.

Og det bliver mørkt, når hun viser sin loyalitet til den gyldne bro.

~ m.s.

Er du vågen?

Hendes øjne er nær lukket, når hun mumler et stille ja.

Jeg rør hendes kind, varmen fra min indebrændte hud får hende til at læne sig ind.

Nej, hun er ikke vågen.

Kan jeg lade mit sind rejse til den verden, du har ladet din?

Sådan en fred bærer hendes ansigt.

Men verdenen, hun er tilbage vendt til, er hendes flugt.

Det onde er dog ikke flygtet i dagens lys, men venter tålmodigt i natten.

På et tidspunkt vil virkelighedens jagt gøre mindre ondt.

~ m.s.

Lad mig fortælle dig om dengang jeg rejste til det ukendte land.

Så ukendt kun få forstod at værdsætte det, ellers kunne man ej finde det vidunderlige ved det.

Alle drømme blev opfyldt i et splitsekund.

Men det er det grusomme ved drømme.

De ophører med at eksistere.

Og glemt ville de blive.

Derved forblev det ukendte land, ukendt.

~ m.s.

Jeg ønskede for dig at kæmpe.

Nu står jeg over din grav, og synger sange af sorg.

Jeg lægger dine blomster, men vrede bærer mit hjerte.

Ja, du fandt din fred.

Men hvad med alle dine elskede, der nu flyder i hjertesorg?

Du fandt ikke en ende til den smerte, du sendte den, bare videre til dem, der nu er smuldrende.

Og derved skabte du den onde cirkel.

Fordi smerten ender ikke her, den ender først, når der er endnu en kiste, vi tager afsked til.

~ m.s.

At falde er anderledes end at ramme bunden.

At falde er, hvor råb efter hjælp skabes.

At falde er en befriende vind, men du ved, hvor den leder hen.

I bunden af det tomme hul.

Er der ingen, der kan række en hjælpende hånd ned.

Her, hvor din gråd vil falme, før det kan nå nogen.

Og her må du stå, og begynde at klatre.

~ m.s.

Hun vendte sig mod himlen.

Det grønne blev støv.

Og den våde jord formåede at fylde hendes lunger.

Men den gjorde ingen skade.

Fordi hun fandt fred i regnen, og naturen var hendes frelser.

~ m.s.

Vinteren danser på min tunge.

Novembers flammer brænder lyst i himlen.

Glitrede snefnug i natten.

En blød brise, jeg kan se mit åndedræt.

En kulde, men jeg stopper ikke med at hive atmosfæren ind.

Gaden er mørk, men jeg kender godt min vej nu.

~ m.s.

Træerne forsvinder, når du kigger væk.

Bladende falder ned fra den endeløse himmel.

Der er stille ude i nattens døs, men alligevel kan du høre deres gråd.

Gentagende gange hvisker de din skæbne til dig.

~ m.s.

Regnen er fyldt med spøgelser i nat.

Spiller deres elegi til solopgang.

Men nu er det stadig mørkt udenfor.

Så vi bliver inde, som vi altid har gjort.

Hjemsøgt, men elsket af spøgelsernes tilstedeværelse.

Men månen danser alligevel med.

~ m.s.

Måneskin falder over engen.

I stilheden af natten er engen et sted udenfor universet.

Rytme i dæmonernes fremvisning af mørket.

Anerkender deres beundret skønhed, som de skjuler.

Som dette navn digtet gemmer.

~ m.s.

Hvad, hvis mindernes vej var et ægte sted.

Ville du undgå at besøge det?

Eller finde de minder du holder allermest af.

For kærligheden til de minder, der ikke længere kan huskes, er uendelig.

Derfor er smerten, der følger ligeså glemt, men aldrig helt ugenkendelig.

~ m.s.

Jeg kan ikke tage mig af dig, da jeg også selv er et barn.

Jeg vil forstå, fordi vi er i sammen båd.

Men jeg er allerede et ben ude, og du trækker mig ned.

~ m.s.

Et fortabt barn.

Forsøger at finde et hjem, der var glemt.

Forladt til at klare sig selv i haven af visne blomster.

Så smukt, men døende i dens afsked.

Bortdragen, men ligeså forladt.

Og pludselig flettede arrene sig i en omfavn om barnet.

Her var der ingen nem afsked, men det var ikke håbløst.

~ m.s.

Hvis du kigger grundigt, vil du måske finde det skjulte.

Forskellige steder på min krop.

Fortæller historien om mig, og hvem jeg var.

Her blomstre en sukkerig forklaring.

Det vil være til din overraskelse, at på den anden side gemmer der sig ar.

Og de har også en historie at fortælle.

~ m.s.

Ville du dø for mig?

Igen?

Kirkegården er fyldt med gravsten, der bærer mit navn.

Dræbt med hjertet på det rette sted.

Jeg ser alle de tårer du lader falde, og alt det gift du spilder.

Blomsterne, du lægger, er drabelige.

Ville de turde at skrige, mens du dræber dem indefra?

Du kan kun redde dig selv, men jeg ligger tålmodig i mine grave.

Før eller senere vil vi ses igen.

~ m.s.

Lyden af verden, der ender, er en form for stilhed.

Uventet.

En symfoni i kaos af det ødelagte.

Stormen er vild, men jeg har ingen samvittighed.

Lad lidenskaben danse med flammerne, og himlen lyse op i de smukkeste farver.

For der er ingen held.

Du kan ikke stoppe det.

Det guddommelige ved, du har prøvet.

Men jeg står nøgen i vinden.

Snart kan jeg se himlen blive flænget.

Og jeg vil lade det ske.

~ m.s.

Den ældste historie besidder universet.

Den har og vil altid eksistere.

Dens skønhed vil danse med tusind knuste hjerter.

Og stjernerne vil fortælle den natten lang.

Fortælle, hvordan månen altid vil tilhører solen.

~ m.s.

Det virkede så nemt som ingen forstod.

I en verden, hvor alle lod som om.

Fordi, der var næsten intet godt.

Kun dig og mig.

Modbevis mig.

Oplad mit selvhad.

For i sidste ende viste det sig, at intet kan behandle hjertesorg, før det når at komme igen.

~ m.s.

Det meste af tiden skjuler englene sig, og det vil tage lidt mørke for at se lyset.

Men at skjule betyder ikke forsvundet.

For evigt vil en engel være ved din side.

Om det må være mig, eller en anden.

~ m.s.

Jeg sætter ild til verdenen, for hvis jeg ikke gør det, vil jeg vente på skæbnens hænder.

Kun for at få flammerne til at brænde min krop ned, og efterlade de jordiske rester i den gamle verden.

Jeg lader verden brænde for øjnene af mig.

Mærk berøringen af mine fingre på din hud, før smerten sætter ind og dit syn bliver mørkt.

For selv i mørket forsvinder skyggerne.

Lad os sige farvel i et stykke tid.

Verden vil blomstre igen.

Jeg skal bare træde et skridt tilbage, og lade det ske.

Se freden i roserne, og lad himlen hviske mit nye navn.

~ *At komme tilbage stærkere*

Hun var som kunst, elendig kunst, men det gjorde hende ikke mindre af et mesterværk.

Solen misundte hende, og natten beundrede hendes skygger.

For hvert et hjørne af hende var smuk.

Dog rev hun sig selv itu over de tanker, der kunne krydse et sind som hendes.

Vi hylder hendes skønhed, men vigtigheden er hende.

Hendes sjæls ar er det, der gjorde hende perfekt.

Så skål for hendes fejl, som vi alle elskede hende for.

~ m.s.

Jeg rækker efter rosen af vidunder.

Min hud forsvinder, imens den gror.

Forstå, hvad der ligger ud over, og forstå, hvad der ligger forud.

For vi alle tegner vores stjerner forskelligt.

~ m.s.

Hjertet er alene i mine endeløse tankers strime, og her lader jeg det vandre.

Hvorfor?

De siger, jeg er den syge.

De siger, giften har overtaget mig.

Men aldrig har de advaret mig om dig.

Aldrig har de sagt dit navn højt for, hvad du gør, kan udrydde menneskeligheden, hvis ikke allerede det er sket.

Så forvent ikke min overlevelse, eller overgivelse.

Mit hjerte må trives.

~ m.s.

Det er tågen i de tomme nætter, der ændrer mit sinds mening.

Kan denne dyne af usikkerhed, og blindløshed også skabe en forandring i hjertet?

Hvordan kan min kærlighed for dig nå endnu dybere?

Stol på mig, og denne nye forståelse.

Nætterne fylder stadig mere end du gjorde, men stjernerne kan gøre så stor en forskel, fordi lyset i tågen er en ny slags beundring.

Jeg tilbeder skønheden af verdens skabelser, ligesom jeg tilbeder dig.

~ m.s.

Jeg danser over de endeløse sider papir, og fylder alt det blanke ind.

Forsøger at forklare de følelser, jeg endnu ikke forstår.

Gemmer papirerne, der flyder i mit hjertes blod, når jeg hører gulvet knage.

Jeg må tilkendegive det der byrder mit hjerte, men kun for mig, og ingen andre.

Hvis de læser ordene af et vanskeligt sind, vil deres udtryk falde og spørge "Har du brug for hjælp?" langtid, efter jeg har glemt, hvad præcis hjælp betød.

~ m.s.

Mit skudsikre glas er langtfra skudsikkert.

For, da glasset faldt sammen i flere dele end stjerner på himlen,
genkendte du den magt, du nu kunne holde over mig.

Da døren forblev lukket, skulle du have set hentydningen.

En hentydning til at forlade mit hjerte på dørtrinet og gå.

I stedet bankede du endnu engang på.

Kun for at ødelægge og efterlade den verden, jeg havde beundret.

Trampe på de blomster og ukrudt jeg lod blive.

Gør grin med mine valg.

Gør ekko i din djævle latter.

Fejl er ikke noget forfærdeligt, og det gør dig ikke elendig.

Din skønhed forbliver intakt.

Og det viser sig, at jeg ikke havde brug for skudsikkert glas.

~ m.s.

Du var det eneste faldene blad i midvinter, hvor en blød brise fandt sted.

Igennem disen var mit fokus på dig.

Fortæl alle dine løgne, som din mor engang fortalte dig.

For du ved, at jeg vil lytte med hvert hjørne af mit hjerte.

Der er mange hjørner i de ødelagte stykker, som var efterladt.

Du var min beskrivelse af den mest unikke gudinde.

Og din smukhed var blindende.

~ m.s.

Mine tanker i luften som giftige kemikalier.

Igennem dine øjne var det i hvert fald sådan.

Døende under alt det giftige, men jeg kan ånde frit.

Jeg er et ægte offer, og du er blot en skuespillerinde.

Men hjertesorgen er ægte.

Åben dig op, lad mig se dit kolde hjerte.

Dine løgne er tydelige efter flere års øvelse.

Min vrede er klarheden i mine tanker, mine ord er tydelige, og du falmer.

Jeg er stærk, du er svag.

Jeg er loyal, du svigter dag på dag.

Så jeg takker dig for byrden af skyer i mine tanker.

Jeg takker dig for styrken jeg måtte samle.

~ m.s.

Jordens sted.

Hvor solsorte synger, men ingen lytter.

Ikke alle engle er verdens frelser, men hendes stemme blev mit opmærksomhedscentrum.

Stormen satte i gang efter mange tomme bølger.

Snart indså jeg, at vi alle opfatter jorden forskelligt.

Jeg kunne beskrive mit væsen som kommende myter, og for det lærte jeg, at nogle legender var værd at tro på.

Men vores berøring var ikke mere end enkelte ord.

~ m.s.

Hvordan gemmer du dig fra selvindsigten?

Hvordan kan du leve uden denne forståelse?

Dit eget som du nu er.

Giver genfærdene dig gys på ryggen?

En dag vil du lære, at de blot prøver at nærme dig.

Omfavn dem, eller lad dem skræmme huden af dine knogler for evigt.

Fordi du er bange, men er vi alle ikke det?

~ m.s.

I hjertes lys bliver der mørkt.

Stor kærlighed for ligegyldighed forsvinder.

Ingen tanker om livets mening, men så skulle meningsløsheden gøre noget andet end at være.

Et begær, der skulle have været kærlighed, blev til døden.

Et uhåndterligt sind ønskede at være alt andet end eksisterende.

Eller bare anderledes.

Når natten først var blevet mørk, kan begæret ikke brydes af andet end en blid sjæl.

For, hvad jeg følte var ikke forkert.

I navnet af sjæl og knogler skriger de til der, ikke kan tages endnu et åndedræt.

Lad blomsterne gro torne; lad dem gro til skønhed.

Sammen kan de danse under månen og stjernerne vil lade dig blive.

For uden dem vil verden falde endnu engang.

~ m.s.

Ved blæstens begyndelse kan jeg følge dine fodspor igennem ørkenen.

Vi mangler signaler, ser forbi hinanden, som vi er blinde.

Tag mine øjne ud, og forklar verden til mig.

Lad mig se dens natur og skønhed fra dit perspektiv.

Blind eller ej, du betyder mest, så hold mig tæt, og forlad mig aldrig.

Dine ord er af vrede, og jeg kan ikke håndtere dem.

Lad regnen blive sne, så vi kan tale uden smertens ord.

Lad den hvide regn gøre verden lydisoleret, så vi kan høre hinanden.

Lad hjertets melodi forvandle os til de blide væsner, vi er.

Selv, hvis vi skal lytte for evigt.

~ *Ægte venskab*

Hvis jeg skulle sige farvel...

Ville mit hjerte så være tomt?

Ingen ord kunne forklare afskeden.

Hvis jeg skulle sige farvel, ville det ikke være mit eget valg.

Mine tanker ville drukne i deres eget hav, lige som jeg gjorde.

De ville fortryde, men ved at forstå, hvordan jeg var behandlet, kunne ubevidstheden måske ikke se sig selv i spejlet mere.

Blomsterne ville visne, og porten til haven ville åbne som aldrig før.

Skønheden i det ville dominere alt andet, men jeg er ikke blind for de døde farver.

~ m.s.

Uanset hvor meget vores hjerter lider i det knuste og brænder i det ødelagte, vil vores tillid til kærlighed altid vende tilbage.

~ m.s.

Jeg forlades i tvivl.

Måtte jeg formode at falde ved siden af mig selv?

Der er gået evigheder, og jeg savner hende en del.

Hun bragte mig elendighed i dagens timer, men nætterne fandtes at være så blide.

Min stolthed må vokse mægtigere end de minder, hun har skåret ind i mit kranie.

Så jeg må drage til et andet sted i håb om, at hun bliver væk.

~ m.s.

Hvorfor føltes det så godt at gøre ondt.

Hvorfor føltes det så godt at tabe kampen imellem det gode og det onde?

Jeg vil ikke tabe i den afsluttende krig, men hvorfor kan jeg ikke miste modet noget mere?

Jeg ødelægges, ja, jeg føler.

Jeg kan godt lide at vandre imellem krigszonerne.

Kald det, hvad du ønsker, men jeg drukner hellere i skam, i stedet for de mørke skyer.

I fredens symfoni danser jeg i kaosset.

~ m.s.

Mit sind er et ømt sted, og hvis du vover, at røre ved de mørkeste steder vil, det falde ud af position.

Det er ikke et vidunderligt sted at rejse til, men enten bliver du eller forsvinder.

Jeg beundrer de belyste steder, og jeg har savnet dem alt for længe.

Så lad mig blive i et øjeblik.

Lyset brænder ikke for evigt.

Jeg har ingen tvivl.

~ m.s.

Jeg står på toppen af bjerget.

Jeg rører næsten skyerne.

Hvordan kan jeg være sikker på, om himlen er helt som den skal være?

Rører jeg næsten vandet i søen eller selve skyen?

~ m.s.

Hvis blomsterne af en uberørt sjæl kan knuses under det første opmuntrende instrument, lad dens sang spille højt.

For under den første mægtige blæst blev de støv, og derfor vil lide i det uendelige liv.

Lad os for evigt høre om, hvordan blomsterengen blev en tom mark i det overskyet vejr.

Med os er melodien, og vi vil harmonisere med den.

Men det kan aldrig ændre et strejf af en vildledt sjæl.

~ m.s.

Når jeg lukker mine øjne, hører jeg tydeligt hendes giftige ord.

De fylder mine årer, og mit åndedræt forsvinder.

Drukner i flammernes hede, men med hende som en leder vil vores slot forfalde til ruiner.

Hendes bitterhed holder aldrig op med at flyde i luften.

Jeg burde åbne øjnene og lade min mund tale, som mit sind har gjort.

Nogle gange fortjener folk at hører, hvad de dybest set godt ved.

~ m.s.

Hendes berøring var en spænding, en vild ild, der spreder sig med lidenskab.

Mit hjerte vil snart forvandles til støv, en eksplosion.

For hun holder mit hjerte i hendes hule hånd, og jeg vil være den sidste til at forudse hendes lyst.

Men mine kemikalier kører i hendes årer; hvis hun bryder fortryllelsen, vil min lyst til hende kun vokse.

~ m.s.

Det er et ar, der er blevet skåret ind i mine knogler.

Som mange andre har berejst mit skelet.

Mit hjerte banker endnu, mine hænder bliver følelsesløse.

Jeg gnider dem, så min hud kan skrælles af.

Min hud er rådnet helt ind til kernen.

Men jeg holder mit hoved højt, prøver at ignorere stoltheden, der præger i nøgne forme.

Jeg ser dog nogle skikkelser, der er dækket.

Bare rolig, nogle gange kan jeg heller ikke lade, vær med at tage min frakke på.

~ m.s.

Musikken dræber vores sind uden for det flatterende rum midt om natten.

Himlen lyste op i smukke farver med en slutning og ny start.

Det eneste, vi gjorde, var forgudet.

Beundre de dage, der havde ført til slutningen.

Vi ser både det dårlige og det gode, men de har gjort os til hvem vi er, hvem vi skal være.

Se frem til starten på begyndelsen, hvor vi roser de dage, der har været lige så overvældede.

Godartede og ondartede.

~ m.s.

Livet er hurtigt, det er næsten ikke til at kende før dagen er omme.

Fast besluttet er vi alligevel.

Fast besluttet på vi kan kende, hvad vi endnu ikke forstår.

Vi lever enormt, men ikke nok.

Er blinde for lykken i de mindste ting.

Åbne øjnene, det er ikke nemt.

Hårdt, forfærdeligt, ulykkeligt klæber vores opmærksomhed til.

Her på værtshuset ser vi sløret, verden er pragtfuld når tankerne er løse.

Livet er som det er, men her er vi, sammen, forenet.

Her får vi det bedste ud af det hele.

~ m.s.

I en verden af elendighed og kaos fandt du mig i smerte og bragte mig til håb.

Håb for hvem jeg er, og hvem jeg skal blive.

Fordi jeg er nok, og jeg har en fjern vej at gå.

Nogle gange vil de kvælende skyer tage et åndedræt, og her vil solen skinne igennem.

~ m.s.

Skøjteløb igennem den døde by med dig ved min side er en anden form for åndedrag, en anden slags levende.

Himlen drukner i verdens forskellige nuancer, og natten er lys.

Lad luften ændre sig, men forandre dig med den.

Ånd lige så enestående; gå til begyndelsen af slutningen.

Find fred og storhed i dem, der har en hånd på den faldende krop.

Og flyd i bølgerne af accept.

~ m.s.

Ofte stødte du ind i mit sind.

Jeg har glemt dig, men jeg kan aldrig rigtigt efterlade denne fortid.

Jeg lagde mit hjerte på bordet, og ved siden af mig alt jeg havde at tilbyde.

Du viste mig dig, og hvad dit hjerte bankede for.

Den blomstrede som mos; jeg råbte mit navn længe før vores historie kolliderede.

Da du begyndte at råbe, var Romeo dybt inde i skyerne.

Og jeg kaldte dit, men Juliet var i himlen ødelagt.

Efter alt dette blev vi fremmede, usynlige, forgiftede for hver den del af vores sjæl.

~ m.s.

Vi kan danse hele natten og lade harmonien spille fra vores hjerte, indtil solen genopstår fra, hvor vi begravede den.

Vi kan glemme i morgen og leve i går.

Men hvis dagene smelter sammen, hvordan kan vi nogensinde blive?

Jeg har brug for dig her, for jeg skænker helvede til mig selv.

For uden det lys, der skinner i dit hjerte, vil min sjæl for evigt være mørk og tom uden forsoning.

Så ja, vi kan danse hele natten.

Vi skal dog se den sandheden, der gemmer sig i noderne, og kun sådan kan vi harmonisere.

~ m.s.

I træerne bag barken kan vi læse en lang historie.

Fortæller os om alt, hvad de har set.

Fortæller os mere om de hemmeligheder, som dine blade kan holde.

Men husk, når træerne hviler i stilheden, som er kraftig i vores sind, skal bladets næste hemmelighed vises.

Følg dit hjertes vej, og lad din sjæls lys skinne i nåde.

Det er ikke altid en opgave du kan klare alene.

Træerne fortæller kun historier, så lad de udvalgtes stier være der for hvert skridt af vejen.

~ m.s.

Hold mig tæt, og arre min sjæl.

Mit sind er vores, og jeg er din besiddelse.

Så grib mig, og knuge mit hjerte, eller mist mig i aften.

For uden dig kan jeg ikke valse i lyset.

Jeg vil bløde hver dråbe af kærlighed, jeg har i mine årer.

Du er min symfoni, og uden dig er stilheden ubetydelig.

I dagene af min eksistens, kommer min vals til en ende.

~ m.s.

Jeg drukner i bølger, der er for store til at håndtere.

Havet er størst, men uden bølgerne er det bare landskab vi ikke kan gå på.

Så her sidder jeg.

Bølgerne for stille, men endnu for mægtige.

Jeg lod mig falde til bunden.

Hvordan kan jeg redde alle brikkerne, når de flyder væk?

Skal jeg gøre mere for at nå dem, eller lade skæbnen få sin vilje?

For jeg kan ikke bevæge mig, fastholdt på bunden af havet.

Så jeg lod mig flyde, ligesom alle de iturevet brikker.

~ m.s.

Jeg danser med livet mod døden og hans riddere.

Det lyder som om en skønne dag, måske kan begynde i aften.

Vores hænder glider, og jeg visner.

Hold mine håndled, siger jeg tæt på livets øre.

Eller lad mig gå, for jeg er træt af at danse min kære.

~ m.s.

Jeg lader mig ikke forstyrre nattehimlen, hvor alt føltes i live, også mig selv.

Men dagen vil træde frem, og her er en bydende nødvendighed, ingen kan leve i.

Når åkanderne falder under på deres døende dag, vil jeg overvære hver ramme bunden af det dybe.

Jeg bliver ensom i min døende sø, men for en gangs skyld er stilheden fredeligere end, hvad verden kan tilbyde.

Så jeg tager min tid.

Synger min lille bøn.

At vide, at ingen vil sætte ord på mine melodier for, de lytter ikke nok til rigtigt at kunne hører.

Jeg er overladt til mig selv for øjeblikket.

For hvem vil lytte til en brudt bøn, når døden er blevet valgt før livet?

~ m.s.

Jeg husker de rene øjeblikke af lykke.

Jeg husker stundens tab af tanker.

Jeg husker det hele hjerte.

Jeg husker de gyldne dage, og hvidguldet aftner, før de begge blev mørke.

~ m.s.

For vi svæver i tidsfordriv.

Kedsomheden bliver hurtigt til ensomhed.

Og denne udvikling lærer vi intet og alting af.

For selv det fyldte rum, kan blive overfyldt.

Såvel det stille landskab kan blive tomt.

Så vi svæver i tidsfordriv.

For, hvorfor burde vi ikke.

~ m.s.

Hvad, hvis døden var idyllisk.

For sengen du har valgt at hvile.

Han taler med en blød stemme, men en rystet forstand.

Hvordan kan en ung sjæl gå fortabt i en verden, hvor intet skulle tabes i tågerne.

Han hersker over skyggernes rige og vil endnu ikke se dig her, kære ven.

Garantere, at du endnu ikke tilhører riget.

Hvornår valgte du at opgive hjertet, der endnu fandtes en glød i?

Da det ikke længere kunne oplive flammen?

Da det knuste i tusinde dele, og du ikke kunne finde den sidste segment?

~ m.s.

Lyset var i mørket.

Du så blodet strømme i mine årer.

På min skrøbelige silke.

Frygten stråler i din skikkelse.

Beundring strålede i min.

~ *Skade*

De spildte tårer kom fra mit hjerte.

Dannede det hav, der så blev revnet.

Mit hjerte var ej klar til dit, som for selvet.

Hvordan kunne det, når du ikke selv har genkendelig.

Så lad det åbne, tag det første dyk.

Kom tilbage med vidunder du selv fandt.

Så det i et stykke tid kan virke som al verdens skatte.

~ m.s.

Klaveret i det tomme hus.
Har en symfoni, der gør mit hjerte blødt.
Sangen leger i flimmerne af, hvad det indeholder.
jeg har måske mistet meget af mig selv.
Da jeg var fortabt i tågerne,
Men i sidste ende nynnes min sang stadig i
Skyggeriget.
Så hun mumler ordene,
jeg er stolt af hvem du blev.

Skrig til verdens lys, når du går tabt i de mørkeste hjørner.

Fordi du er kun faret vild,

lad nogen hører dig;

kun for at vise dig vejen.

~ m.s.

Jeg ejede en bar for de sårbare sjæle.

Hver og en var velkomne.

For en hver, der trængte til et svi i halsen.

Måtte have en grund.

Hvad end det så måtte være ejede jeg stadig en bar for de sårbare sjæle.

Trods alle var velkommen.

~ m.s.

Jeg befandt mig i en aften dis.

Det som følger min hjertebanken.

Men skal jeg virkelig finde mig i dette?

Så hvis jeg skal introducere mig selv som det, der dræbte mig, vil jeg gøre det navn, jeg bærer til kende.

Jeg vil altid angre, at jeg ikke skænkede et blik til dem, der elskede mig.

Men tilbad dem, der hadede mig.

For nu er jeg et skelet, der udviser åbenhed til den levende rose.

~ m.s.

Vores skygger danser i ildskær.

Men vores hjerter er i en forskellig evighed.

Alligevel kunne vores sjæle aldrig glemme.

Fordi vi ville altid huske.

~ m.s.

Skru op for volumen.

Lad højtalerne hjemsøge mit sind.

Jeg føler snarere smerten ved musik.

Da det drukner min sjæl.

Hellere det end de ord du har efterladt skåret helt ind i knoglerne af mit skelet.

For den dans på roser du tilbød, var en helvedeskval.

Lad det brage i tågeslør, mens jeg ligger hen i det ubevidste.

~ m.s.

Hun hjemsøger mig på en måde, der for arrene på min krop til at gyse en smule mere.

~ m.s.

Hvordan kan det være, at når du blotter dine blødende blomster, skræmmer det min sjæl tilbage til fortiden.

Jeg har mine egne blomster skjult bag ærmerne.

De er langt væk, og pinen er med dem.

Mine tanker kan dog vandre, og knive kradser pludselig i min hals.

Minder, der plager mit sind.

Min fortid er bag mig, men ikke glemt.

Du skærer ud af din sjæl, og det glæder mig inderligt.

Men jeg behøver ikke at se en bekræftelse.

~ m.s.

Jeg står ved begyndelsen eller slutningen, hvem ved?

Hvad jeg er sikker på er, at jeg ikke kan se fremad.

Er det dag eller nat, kan jeg ikke fortælle.

Men en form for nuance smittede blanding.

At tage et skridt frem føltes som at miste kampen med vilje.

Med et åndedræt ad gangen var tågen en fremmed i vinden.

Og pludselig var det ikke længere usikre skridt, men én klar vej fremad.

For at tabe er ikke altid nederlag.

Der vil blæse nye vinde.

Hvor sejlene vil have medgang.

~ m.s.

Dødens mægtigste fejl var at deltage i et sats, der ikke kunne vindes.

Med verden i sort og hvid.

Så jeg farver.

Og det var noget, døden aldrig kunne være med til.

~ m.s.

Beskriv følelsen.

Fortæl mig, hvordan den er ugenkendelig for mig.

Fortæl mig, jeg aldrig kunne vide den pinsel, der jager dine årer.

Fortæl mig historierne af tusinde liv, og lad mig afslutte din sætning, før du er klar over det.

Dit liv falder ikke sammen, når dit hjerte er knust i hånden på en anden.

Du vil hele i din dybe sorg, blot ved at have roen en eng holder.

Din tonekunst stopper ikke, før du stopper for dens melodi.

Sådanne hårde ord, så lidt venlighed.

Bliv ved med at mumle melodierne i det stille rum.

Min vrede skinner som solen i den stille stund.

Men jeg genkender kniven i din ryg, kun himlen må vide, hvor ofte vi mødes.

Del historierne med mig, jeg vil være her til mine ører bløder.

Lige meget, hvor jeg end vil genkende dem.

Del de sejre og tab galaksen skjuler.

Åben er jeg til alle tider.

Se stjernerne skinne med liv og sjæl.

Forgæves vil vi ikke sy dit blødende hjerte.

~ m.s.

En vinternat blev der dannet snefnug i de hvide skyer.

Da verden blev stille faldt de gennem himlen.

Ingen var ens, men specielle var hver af dem.

Nogle smeltede af jordens smerte, og ville se ud som dem, der var elsket af hele verden.

Nogen af dem, der mister håbet, synes stadig at blive sne.

~ *Kropsidealer*

Jeg sidder på kanten.

Solnedgangen; behagelig i kraften af sit ydre, mit sinds pinefuldt indre.

Jeg formoder, at jeg ikke længere er på kanten af det vidunderlige, men kanten, der førte til slutningen.

~ m.s.

Jeg ville give dig verden, hvis jeg atter kunne.

Jeg er taknemlig, men jeg ville ej være fri for denne tilværelse.

For bare denne jord jeg allerede ejer giver mit hjerte en skygge at leve i.

For jeg er fortabt bare på denne mindste del.

Og med hele verden i mine hænder ville jeg være dødsdømt.

~ m.s.

Så besynderligt, at jeg blev fornærmet.

En hånd på hjertet, kun sandheden.

Hvordan tør du vise mig noget, noget så unikt, så eksklusivt?

Hvor mange utrøstelige sjæle har du formodet at trøste alligevel?

Er en af dem dig?

Og nu fælder jeg mine tåre i dine modige, hjerteven.

Jeg kan ikke nøjes med dit spøgelse.

Hjemsøg mig om nødvendigt.

For dit hjertes ømhed er kærligheden jeg har brug for.

Så ikke efterlad mig, hellere tag mig med.

På æresord var vores løfte.

Bundet af denne ting kaldet skæbne.

Sjæleven.

Du

Er

Min sjæleven.

~ Cecilie

Se fjeren, der bærer farven hvid.

Lad den falde ned fra himlen, og mærk galaksen, der har fundet dig.

For i mørket er en fjer et auspicium.

Det er håb, som skal holdes fast i og i enden, vil alt falde på plads.

Hvis du lader din indre styrke tolerer den stille stund.

Stille før stormen vil der være.

Men her jagter vi stormene, der passerer.

Så dans med dens atmosfære, og vær den, du skal være for nu.

Lyset er tættere end du skulle tro, du må ikke være i tvivl.

~ m.s.

Når min kunst finder sin vej til en anden virkelighed, ser jeg mig selv for, hvem jeg burde være.

Dans rundt om den lykke jeg endnu ikke har fundet.

Jeg synger serenader for dette åndesyn, og glemmer den virkelige verden.

Drømmen er mit nye liv, men ikke før tiden forsvinder.

Frostnatten kommer ikke tættere her, for her lever glæden i mig.

Jeg må vågne fra dette selvbedrag, illusionen kan ikke vare evigt.

Lige meget, hvor meget jeg lyster det.

Vistnok vil drømmen ikke altid forblive blot en drøm.

~ m.s.

Med de ord mit sind skrålede kom der en smuk linje i form af mit blod, da jeg blødte over papiret.

En poetisk åre kan man godt sige jeg havde.

Så ubeskrivelig, at jeg havde intet valg.

Mellem linjerne kan de ikke læse.

Og komplimenterne var grunden til at blive indenfor igen.

For når mit blod blev set, var der intet ord om, hvor forfærdeligt et sted mit sind måtte være.

Kun mere ros til, hvor poetiske årer jeg havde.

Gemt i flere år, men aldrig rigtig glemt.

For mine fabulerede ord blev aldrig en mindre sandhed eller mere forstået bare accepteret som den poetiske åre.

~ m.s.

I den virkelige verden føler han sig paranoid, da hans skygge altid synes at være der.

Illusionen af en trøst for hans ånd.

En påmindelse for alt, hvad han havde gjort.

Både godt og ondt.

Hvad rejser hans sind?

Det var noget at føle sig så behageligt i.

For lige meget hans historie, var han noget så behagelig.

Så blid.

Så forstående.

~ m.s.

Efterlader min smerte i latteren af en vittighed.

Dans mellem linjerne i en sang uden sjæl.

Men uden en melodi, hvor skal jeg hen?

Nu er jeg i stilheden, dansende blandt de skarpe knive.

En ny dag kan være uden for rækkevidde, og jeg kan ikke nå den helt endnu.

Hvordan kan jeg føle mig fortabt i min egen skabelse?

Kan jeg ændre det, jeg har skrevet i rødt, eller kan jeg ikke gøre andet end at fortsætte med at skrive.

Kan historien blive skjult i det usagte?

Lade det glemmes, at jeg nogensinde udtalte mig.

I håb om at melodien en dag vil stoppe.

Ingen kender den virkelige smerte ved at lytte til harmonien uden nogen form for befrielse.

Fordi min smerte skal gemmes i latteren af en vittighed.

~ m.s.

Jeg vil aldrig stoppe med at række ud efter stjernerne.

De kalder mit navn, og jeg flyder til et bedre sted.

Altid har du danset, når jeg er blevet begravet levende, men nu falder dine tårer for min grav.

I al venlighed kalder du mit navn, men jeg danser nu snarere med nattens spøgelser end glæden.

Så vælg at tilgive mine såkaldte synder, eller hold et nag, indtil du en dag ser mig igen.

~ m.s.

Kan jeg se på himlen, som vi står under?

Lyve for dig om de hemmeligheder, der får dig til at undre.

Da vi ikke ser på himlen med de sammen overvejelser.

Tal om alt, men intet, der giver mening.

Vil de ord jeg taler låse mig i det helvede jeg befinder mig i, eller vise mig en ny himlen i dag?

Alligevel spekulerer jeg på om mit hjerte befinder sig det rigtige sted.

Alligevel spekulerer jeg på, hvor ubesindig, men modig jeg egentlig kan være.

Men med dig her ved jeg i morgen altid vil ankomme.

Himlen og helvede kan ikke ændre det.

~ m.s.

Når bladene begynder at falde, og natten er længere end dagen.

Vil månen stadig savne solen på sammen måde?

Alt kan ændre sig, men de kan stadig danse i vinterens glimt.

Alt kan være udflydende, nogle gange distinkt indtil sommerregnen bliver modigere.

Vil dette vare evigt ligesom de drømme de engang besøgte hinanden i?

Eller vil de se hinandens sandhed i den dybe blå flamme?

~ m.s.

Jeg hviskede nattens dystre erkendelse.

I halsen blødte jeg fra disse forbudte ord.

For jeg var ej alene, selvom jeg ønskede det.

Hvis ikke mig, så slet ingen.

Jeg er alene, og slet ikke.

I fornægtelse.

Skal jeg lade mit hjerte blive tungt i sandheden af at andre føler denne smerte?

For dem vil jeg tage pinen, og kun have for mig selv.

Selvom de få sidste blomster i den smukke eng for det meste var visnet.

~ m.s.

Mælkevejen lader ingen gåde stå klart.

For alting ændrer sig, især i galaksen, hvor intet forbliver det sammen.

Aldrig vil jeg lade stjernerne stå så uklart.

Aldrig vil jeg forstå, hvor blind du så mig.

Aldrig vil jeg kunne se så langt ud i galaksen.

For jeg kan på ingen måde læse dit sind, som du kunne mit.

Men denne gang tilbyder jeg dig den sjæl du plejede at længes efter.

Med håb i hjertet, om at måske det ikke er alting, der ændrer sig.

~ m.s.

Jeg drømmer om at blive frelste.

Men vi alle kæmper i den sammen krig.

Så kære, lad mig være frelser i dag.

Igennem sejr og nederlag skal vi gå.

Lad mig bærer alt det tunge, så længe vi vandrer sammen.

I noget så skræmmende burde ingen være alene, så tro ikke jeg efterlader dig, når der er nederlag efter nederlag.

For selv de små sejre er værd at fejrer.

Så lad mig være din frelser i dag.

Tag min hånd, og jeg tager din.

Lad mig hive dig op fra den sø du drukner i.

For jeg vil lade mine årer dryppe tørre for dig.

Uden dig er der nemlig ikke mig.

~ m.s.

Hvordan kan jeg ignorere den smerte, der gemmer sig i hver bevægelser jeg laver?

Det kravler rundt om mine knogler og hjemsøger mit sind.

Det er dybt i min sjæl, men jeg er i smerte, når jeg er i bevægelse på de mest tungeste dage.

Det slutter, som det starter.

Skam, der kunne dræne mig, tør som for meget gin i en drink.

Alligevel ser det ikke altid ud til at genere mig, fordi følelser lindre smerten, og kan komme let, men kun med for meget.

Og derfor stopper jeg aldrig.

For jeg er fanget, og der findes ikke nogen nøgle til låsen.

~ m.s.

Hun ville have mig til at ødelægge det.

Tage fat, og knus det mellem mine fingre.

Med tårer i øjnene, der faldt i rød, blev mit greb løst, og jeg tabte det.

Da det landede på den iskolde jord, var mit hjerte ødelagt i de samme stykker, det før var helet fra.

Hun stod tilbage med sit hjerte, hun havde, holdt ud til mig.

~ m.s.

Hun drak til fortidens skygger ikke længere var ægte.

Den bankende følelse af en sang, der eksploderer i hendes ører, erstatter enhver form for tanke, som kunne krydse hendes sind.

Dysterheden på den nu tomme bar frigøres i et øjebliks stilhed, der omfavner hende.

Selvom fortidens skygger aldrig rigtig vil forsvinde, ville hun ønske, at de blev lidt længere.

Og rive deres hjerter ud, ligesom de atter gjorde hendes.

~ m.s.

I lyset falder en tåre fra mit hjerte.

Men ikke på grund af mig.

På grund af den skærpende følelse, der kravler i min hud.

Hvor længe kan dette ignoreres, hvor meget tid skal jeg lade gå?

Vil denne følelse nogensinde forsvinde, eller skal jeg bare give efter?

Malingen, som jeg dypper mine knogler i danser på et lærred.

Udtrykket af mine inderste tungsindighed, men ingen her forstår betydningen af de druknende farver.

Så skulle jeg gøre som dem?

Drukne i mørket?

~ *Afhængighed*

Min ven skoven spiller deres melodi.

Her, hvor bladene falder i ubegrænsede, farver.

Omkring mig ser jeg den eneste harmoni, som en balletduet bevæger sig yndefuldt mellem træerne.

Vis mig deres forskelle, og lad mig forstå, hvem de er.

Mig og ingen andre end den fred jeg søger.

Jeg ser dem med beundring i mit blik, og et knækket hjerte.

Jeg lod dem overtage, fordi de er mig, og jeg er noget billigt affald i forhold til.

Så her i dybden af skoven vil jeg forsvinde, men i nattens mørke var jeg aldrig væk.

Lad dem aldrig finde et hjem, for dette sted er deres fred, og her vil jeg, hvem end jeg er, ligge fredeligt i min grav.

På denne måde vil dagens lys ikke længere være så bevogtet.

~ m.s.

Som en nål i huden drukner mit sind i mørket.

Det sluger mig helt, og jeg glemmer intetheden.

Jeg er tung om hjertet, men jeg modstår den jagene smerte.

Jeg lytter til stilheden, men tankerne, der kommer fra mørket, kan bringe laviner som eksplosioner i den rolige sne.

Kald mit navn højt til verden.

Jeg kan hører dig i det gemte, men vil ikke kende forskellen mellem dæmonernes kald og englenes.

Hvis jeg kunne flyve, ville himlen være min destination.

Men sandheden er, at mine vinger er brændt, og hullet, jeg er fanget i, bliver dybere.

~ m.s.

Et hus på en tilfældig gade.

Ingen støj kan nogensinde undslippe, fordi dette er det tomme hus på gaden.

Ødelagt indefra revet i stykker og en dyster omfavn danser som en ånd gennem korridoren.

Men ikke en eneste revne på de udadvendte vægge.

Dog er huset ikke helt tomt.

Siddende på gulvet med tanker, der skubber sig igennem hver indgang af rastløshedens sind.

Midt i kaos.

Maleriet, der hænger lidt for meget til den forkerte side.

Kun dette maleri er forskelligt fra dem, der er lineære.

At skabe vanvid og balance på én gang.

~ m.s.

Ville en blomst lade en vanddråbe lande på min grav.

Ville det være en tåre, der udtrykker sorgen fra et tab?

Eller intet andet end en dråbe regn?

Stol på historierne bierne ytrer.

Og ikke hvad bladene på mine blomster finder sandfærdigt.

For hvad, hvis jeg fejlede; i at være den jeg ville.

Skal jeg lade mine tanker vandre i den endeløse hjertebanken, der alligevel er kommet til en ende?

For blomsterne kan jeg ikke vogte, og bierne vil finde vejen til dens nektar.

Lad sandheden hvile her.

Forstå hvorfor,

forstå det livløse billede.

~ m.s.

Jeg har talt meget om de brudte bølger.

Jeg har talt om at blive det usagte.

Jeg har været på månen om natten.

Mine synder er mørkere end hjørnerne kan beskrive.

Jeg har bedt til dem, som ikke lytter.

Mine hemmeligheder er holdt tæt i tankernes dybe.

Jeg har intet andet end tårer, der er værdiløse hvorhen man går.

Hun hørte mine uendelige bønner, og tårerne blev en rigdom.

Men det, der var brudt, blev komplet.

Kun et øjeblik, før dæmonerne bankede på min dør.

Så dette er den dag, jeg igen vil blive en af dem.

~ m.s.

Mit sind er væk til en anden verden.

Hvor ord altid har en dybere betydning, og jeg altid vil udforske det dybeste hav.

Fordi dens vidunder er jordens historie.

Hvis du læser den rigtigt ved du intet og alt på én gang.

Så lad mig udforske så meget som muligt.

Jeg vil leve uden frygt for, hvad der kommer dagen efter i dag.

De skygger, som bølgerne skaber, er på en eller anden måde min ven.

Alt, hvad jeg skal gøre, er at følge vejen til ingen fortrydelse.

~ m.s.

Livet er ikke retfærdigt, men det betyder ikke, at det ikke er det værd.

~ m.s.

Jeg kan ej hilse med, "Godmorgen!"

Når morgenen er den værste del af dagen.

For solen står op endnu engang, men jeg lader til at være i dvale.

Indtil himlen falder, og mørket tætner.

Her kan mit hjerte begynde at slå, hvor monstrene danser.

For jeg fægter efter det ægte, og det finder jeg her.

Hvor jeg ej skal hilse, men bare leve.

Hvor intet mere end det er forventet.

~ m.s.

Det er hende.

Det er hendes krop.

Hendes varme.

Hendes bevægelser.

Hendes måde at sno sig under min kontrol.

For hun er min.

Og den dag var alt vi havde tilbage solnedgangen, og en nattehimmel, hvor stjernerne var fortabt.

~ m.s.

Jeg elsker dem.

Jeg hader dem.

Jeg har brug for dem.

Jeg forsøger at give dem, hvad jeg i sidste ende ikke kan give mig selv.

Bliv tilfreds.

Lad mig forkæle jer.

Forstå, hvad I ikke kan.

Elsk, hvad der hader jer.

Lad den syngende, døende latter bryde.

Lad melodien afspille i den kaoslagte ro.

For jeg har fordrejet skyggerne i min bare hånd så ofte, at jeg er blevet, hvad jeg engang bekæmpede.

Ulykken elsker at være ulykken.

Ligesom latteren elskede at være døende.

For jeg er hjemsøgt i ødelæggelsen, der fulgte min blødende sjæl.

~ m.s.

Mit hjerte fortager dig, og du MÅ vide, at det piner mig.

For jeg er bestemt følsom, men du gør mig yderligere blød.

Jeg opsluger dig, som du gør mig, og vi forenes i denne gyldenhed.

For vi er ej natten, vi er morgenstunden.

I fredens guld lever vi på trods af kulden, der venter.

~ m.s.

Er det ubegavet at stole på den evige falskhed, verden forener os med?

Er det ubegavet at stole på den utilregnelige sandhed, verden viser os?

For jeg søger efter det fornuftige.

Det enestående.

I sidste ende findes det bragende vel ikke.

Vi drager kun mod tvivlen, der ej ophører.

~ m.s.

For når vi lukker øjnene, ser vi alle det sammen.

Men gør vi virkelig?

For bag mine er der intet mørke at finde.

De kreative forenes bag mit perspektiv på omgivelserne, der omfatter, opsluger og forvandler mig.

Så ser vi alle dette buldrende mørke?

Eller er der mere at se end det?

For dette mørke begribes kun som det simpleste.

~ m.s.

Lad mig leve som en befrielse fra alt og alle.

Lad mig brænde for jeg skal alligevel brænde i al evighed.

Lad min sjæl vandre frit, mens den kan, for jeg har allerede lovet den væk til djævlen.

Lad mig, bare lad mig.

For ingen forståelse er givet.

~ m.s.

For billederne kan male væggen i glæde, men dansen stopper også der.

For intet er, som det ser ud, er det aldrig blevet lært?

Smil og ret ryggen min ven, lad min vise dig rundt.

Verden er et stort sted, men skyggerne større.

Øjnene på det uventet, men se det aldrig komme.

Fordi det er forvirrende, når man intet forstår.

I sidste ende er det bedst bare at følge strømmen.

Selvom vi aldrig gør.

~ m.s.

Jeg kan mærke den måde mit sind leder.

Leder efter noget, der kunne beklage mit hjerte.

For al glæden burde ikke være, og al svigt skal.

For kuldegys overvælder min krop, som mit hjerte danser til dig.

Hvordan kunne din ånd så desperat række ud efter mig?

Hvordan kunne min?

~ m.s.

Kan jeg spille dig mine melodier, og tage mit eget liv inden de når dine ører?

For mit hjerte eksploderer i mine skrøbelige sange.

Jeg er skræmt.

Er dit hjerte det guld din barmhjertelighed viser?

Kan jeg være begavet, og alligevel befinde mig uden viden.

For jeg forstår alt ved dig, og alligevel føler jeg mig så usikker.

~ *Jeg føler, og det er svagt*

Det er rystende nyt.

Forvirrende er jeg efterladt, i alt hvad der syntes at blive taget forgivet.

Det er drømmen, der ikke bliver jagtet, men stadig forfulgt.

Kan dette guld dække mine følelser til?

Kan den distrahere fra alt, der ikke er sandt?

For jeg er løgnens mester, svag.

~ m.s.

Kan mit eget sind være min fjende?

Se, hvordan jeg et forfærdeligt menneske er.

Er ondheden kun så fjendtligt, eller mangler du et større skær.

For min menneskehed svigter altid mit sind.

Jeg kan ej se denne godhed, der burde være.

Ikke herfra.

Kan der være perspektiver?

Hvem ved, måske ser de noget helt andet.

Måske ser de præcist, hvad jeg ser i spejlet.

~ m.s.

Betydning er betydningsløst.

For natten er ikke afhængig af dagen.

Men stadig vigtig.

Og stjernerne er lige så nydelige selvom de nogle gange er usynlige.

Ligesom skyerne, der ikke glemmes trods at forsvinde en gang imellem.

Gentagelse.

Betydning er betydningsløst.

~ m.s.

Skulle denne dyne virkelig lade mig drukne?

Kan jeg døse hen i denne tåge?

Jeg rækker ud, men luften griber mig ej.

Jeg rækker ud, men tågen omslutter mig.

Lad disse sjæle forlade det forladte.

Lad disse sjæle vandre deres vej.

For mine kald er ikke påtrængende.

Min effekt er sløv.

Jeg prøver...

Det gør jeg virkelig.

Selv natten er sporløs.

~ *Jeg føler, og det er okay*

Kan du se det knuste?

Få øje på det forblødte, det efterladte.

Lad tågen bestige dine årer i nattens tomme.

Det ødelagte vil hele, men det helede kan ødelægges.

Så gråden flyder i hjertebanken, og rytmen følger vi.

Lad nattens fordrukne sandhed kommer frem, men der bliver den.

Fast siddende i gabet, revet itu, men endnu i live.

Og sådan fortsætter vi.

I stilheden ødelagt, men overlevende.

~ m.s.